You Can't Teach Until Everyone Is Listening

6 Simple Steps to Preventing Disorder, Disruption, and General Mayhem

让学生都爱听你讲

——课堂有效管理6步法

[美] 玛丽莲·L. 佩奇（Marilyn L. Page）／著

屈宇清　咸桂彩／译

中国轻工业出版社

图书在版编目（CIP）数据

让学生都爱听你讲：课堂有效管理6步法／（美）佩奇（Page, M. L.）著；屈宇清，咸桂彩译．—北京：中国轻工业出版社，2010.1（2025.8重印）
ISBN 978-7-5019-7312-5

Ⅰ．①让…　Ⅱ．①佩…②屈…③咸…　Ⅲ．①课堂纪律-研究　Ⅳ．①G415

中国版本图书馆CIP数据核字（2009）第182561号

责任编辑：吴　红　　责任终审：杜文勇
策划编辑：吴　红　孔胜楠　　责任校对：刘志颖　　责任监印：吴维斌

出版发行：中国轻工业出版社（北京鲁谷东街5号，邮编：100040）
印　　刷：三河市鑫金马印装有限公司
经　　销：各地新华书店
版　　次：2025年8月第1版第12次印刷
开　　本：660×980　1/16　印张：11
字　　数：80千字
书　　号：ISBN 978-7-5019-7312-5　定价：20.00元
读者热线：010-65181109
发行电话：010-85119832　010-85119912
网　　址：http://www.chlip.com.cn　http://www.wqedu.com
电子信箱：1012305542@qq.com

251339J5C112ZYW

译者序

近年来，随着全球教育交流的广泛推进，各国教育界对课堂管理质量的关注程度日益提高。在我国，随着教育事业的蓬勃发展，教育研究者也在积极地同国内外业界人士针对课堂管理进行广泛的理论探讨和学术交流；更有广大的教育工作者立足于切身的教学实践，努力从不同层次和角度对课堂教学的问题和经验进行总结和研究。于是，关于课堂管理的原则、方法、艺术、策略和案例等各个方面的书籍和文章频频问世，但是，很多书籍与文章的内容往往局限于对某些理论、策略、方法和个案进行介绍或者对比，既缺乏系统性，又缺乏实用性。而且，其中所涉及的往往只是从小学到大学某个特定阶段在特定课程教学过程中出现的特定问题，缺乏普遍性。再者，基于我们现实的教育教学还没有完全摆脱应试教育的影子，人们对于课堂管理的研究往往更重视基于某个组织管理形式之下的具体效果，而不能很好地从素质教育、人本主义的角度去考虑课堂管理的意义。结果是，在这个信息技术高度发达、社会结构日益多元化的时代，虽然人们对课堂管理的重视程度日益提高，但在教学实践中，课堂管理方面的困惑和问题却在不断增长，一方面是“问题学生”的人数在增长，一方面是广大教师的职业成就感在降低。因此，在课堂管理的探索和研究方面，我们尚缺乏基于广泛的、切实的教育教学实践问题，集人本性、综合性和实用性于一体的操作指南。

本书的作者玛丽莲•L. 佩奇是位美国教师。当年，在师资十分匮乏的情况下，一个偶然的机会，她被密尔堡中学破格录用为西班牙语课和社会课的教师。此后，她对课堂管理的探索从无到有，从有到专，一发而不可收拾。一路走来，她不仅自己从一名普通的大学毕业生升格为教育学博士，还针对课堂管理进行了基于切身体验和现场观察的广泛探索和深入研究。多年来，她既作为普通教师教授过 7—12 年级的课程，又以大学教授的身份，指导过重大的课题研究项目。更可贵的是，她能坚持和幼儿园及中小学的职前和在职教师共同工作 20 年，为其提供咨询和指导，并十分用心地搜集、整理、研究和分析了无数的教学案例，并最终集其大成，总结出本书中所提出的简洁而又实用的 6 步法课堂管理策略，用于防止课堂出现无序、混乱和伤害问题。我们有理由相信，基于作者多年来切身的教学体验和如此广泛的观察、访谈、记录和分析，《让学生都爱听你讲》确实是一本难得的实用指导书。因为它不仅内容涵盖广泛，涉及从小学到大学不同阶段、不同科目的课堂问题，而且面向实习教师、新任教师、有经验的教师甚至大学教授，提出了可以一用的经典而有效的方法。

不仅如此，本书的文字浅显易懂，读来如叙家常，似乎没有什么深奥的理论背景，但若是细心体味，这6步法中的每一步，都根植于教育最基本的教书育人的理念，都蕴含着深刻的人本主义哲理。作者以平淡的语言、平静的心态告诉我们：教师要熟知并使用学生的姓名；要避免提出匿名的和悬空的问题；要用语严密而专业，不拖泥带水，不单调乏味；要清晰明确地表达指导语；要善于应用恰当的提醒和暗示；要增进课堂的互动。我们有理由相信，如果广大教育工作者，尤其是教师能够切实领悟这6步法的精神内核，而且能将其切实地付诸实践，那么，我们各个层次的还没有完全摆脱应试教育羁绊的教学活动都会展现出新的生机和活力。

如果你身为教师，深知责任重大，但是面对课堂管理，却深感迷茫，那么这本书一定能为你指明方向；如果你身为教师，深知责任重大，但是你的课堂却缺乏生机，你不免为此黯然伤神，那么这本书一定能为你增添信心和力量！作为译者，同时也是一名教师，这是我从这本书中所获得的坚定信念。

在翻译本书的过程中，我深得同事咸桂彩先生的帮助，曾多次和他商榷、修正对于某些细节的理解，并请他统稿。时值2009年盛夏，酷暑之下的合作，尤其值得感谢。由于译者的水平有限，译文若有不妥之处，恳请读者指正！同时，限于中西文化背景的差异，书中有些内容与本国国情不符，还请读者在阅读过程中有选择性地吸收！

屈宇清

2009年8月17日

推荐序

2007年春天，我亲爱的朋友和同事玛丽莲·佩奇让我考虑为她即将完成的一本新书写序。我毫不犹豫地答应了下来。几个月之后，这部书稿发到了我的邮箱，可就在打开书稿的那一刻，我最初的热情瞬间变成了恐惧。怎么又是一本课堂管理的书？一本教学入门书？教学是一个千头万绪的工作，非常复杂不说，还有许多难以预料的因素。我想玛丽莲肯定知道这些。因为她算得上是一个资深的教育学者，面对教学工作的实际要求，她总是避免沿用刻板的套路。她曾经面临过真正的挑战：把一些被赶入一间单人房的随意集结起来的年轻人，组建成一个名副其实的集体；教师和学员之间心照不宣地默契活动；为了增进理解而开展教学活动——单靠一系列的程序和指示是不能应对这些挑战的。

可是，此刻玛丽莲的书稿就躺在我的书桌上，书名暗示着截然相反的内容。虽然有点不安，但是我必须承认我已经对它产生了几分兴趣，难道她顿然心生变化？难道她失去了往日的风范？我显然遇到了挑战：为自己肯定不想去拜读的一本书写序。早期萌生的对这件工作的好奇越来越被一种恐惧所吞噬，随后我只有一拖再拖，感到无从下笔。说实话，在出版社的最终期限（我已经延误过两次了）让我感到事态紧急之前，我几乎不曾打开过这本书的扉页，而电子邮件的一再提醒也实在让人难堪。于是，我读了第一页。然后，一页接一页地读了下去，不知不觉间，我已难以释手。

我一口气读完了这本奇妙的书；我想你也会的。毫不夸张地说，这是一本极其重要而又易于实践的书：诸多不同的原因使它具有较高的参考价值，其中最重要的原因之一就是资深教师总能将课堂管理的有效策略措辞精练地表达出来，从而使得这些策略有效而又易于实施。

玛丽莲非凡的智慧和专长，使人很难相信她丰富而又卓有成效的教学生涯中也曾遭遇过本书开始提到的“一无所知”的阶段。她曾经深入到美国的很多地方教过书，并获取了非常广泛和丰富的实践经验。她曾经任教于乡村、郊区的学校，也曾任教于城市的学校；在规模较大的学校教过书，也在只有几十人的学校教过书；走进过学生求知欲强烈的课堂，也走进过学生非常冷漠的课堂；遇见过各种不同的学生，愤怒的、热心的、欢快的、倦怠的、顽固的甚至充满敌意的学生。他既教过普通的学生，也教过残障学生，还教过英语为其第二语言（第三或第四语言）的学生。同时，20 多年来，玛丽莲一直从事教师教育的工作，她既帮助过新任教师，也帮助过很多资深教师。所以，她声称自己在从教的第一年简直什么都不懂的时候，这并非是在假装谦虚，而是对自己以及众多艰辛从教的人们在工作之初的状态的真实评价。

从我自己的研究领域来看：专长的形成是需要时间的，像教学这种需要不断处理复杂信息的职业尤其如此。就像其他对认知要求很高的领域的专家一样，内行的教师必须先记住并能有效地组织大量的概念性知识，然后才能顺利实施哪怕再常规不过的程序。用教育心理学的术语来说，专长是在陈述性知识（知道是什么）进化为高度自主的程序性知识（知道怎么样）的过程中逐渐形成的。但是，在此过程中，得失不可避免：随着程序性知识对注意和努力程度要求的减少，它自身也会变得越发难以解释（想一想，要向一个新手讲清楚：用多大力气踩油门，才能把车倒进一个平行车位，这是一件多么富有挑战性的事情）。简单来说，专家要将自己的所知向别人讲清楚是非常困难的。这也正是玛丽莲的不平凡之处：她跨越了这个障碍，非常巧妙地描述了专家型教师所采用的程序，表达之清楚使得新任教师可以马上信手拈来一用（不必等待积累过多的陈述性知识）。

除了讲授得非常清楚、有用和引人关注之外，玛丽莲还在书中不吝直言。她有权利这么做。她在书中强烈表明学习团体并不会自己产生，教师积极的、深思熟虑的和有意识的努力才能促使学生产生归属感和关联感。在一个讲求标准和责任感的年代，在一个重新考虑学生考试成绩下滑、行为不端、拉帮结派和貌似偶然的暴力事件的年代，当有人告诉你好的教学活动的核心和根本在于建立师生和生生之间的相互关系，你将会感到多么清新。请相信这是一本关于如何做的书，而不是一本千篇一律的“烹饪书”的变身（奥哈尼亚已经巧妙地将其称做教学中的“速成菜谱”）。它也不是一本“动物驯养教程”——伪装成关于怎样与孩子们和年轻人合作的书，其关注的焦点是一些适当的纪律条例。

这是一本考虑周全、表达简洁的手册，读者能从中找到建立人际关系和学习团体的方法。这里没有关于诸种规定的一般性讨论，也没有对不良行为“逻辑性”后果的讨论——胡萝卜加大棒，或是使用惩罚、难堪、羞辱和责备的必要性，甚至不谈奖赏。正如玛丽莲本人所言，这不是一本关于怎样端正学生行为的书，也不是一本关于防止学生行为不端的书。它的内容远不止这些。首先，它是一本教你如何正确教学，如何让学生了解共处的重要性，以及学会共处的书。正如玛丽莲提到的，学生不会也不可能关心学校的事情，除非让他们感到自己被人关心。其次，这还是一本被其课堂管理入门书的外表所掩盖的高度人性化的书。本书重在给出一系列明确详尽的指导方法，用于鼓励、指导——事实上是精心策划——社会化行为的产生和课堂的整体进步，而不是过多地讲授如何防止不良行为的发生。

自始至终，玛丽莲都在不断地强调一个强有力的、基于研究基础的观点：学生的行为表现与教师的表现直接相关，教师做了什么以及如何做，都在很大程度上影响着学生。简言之，高水平的教学并不是偶然出现的；它并不是“自然的”产物，教学专长来自于专家型教师常规性的和顺其自然的教学实践。此书并非只告诉读者专家型教师都做了些什么，而且还包括他们都怎么说。比如，玛丽莲向读者展示了怎样才能聪明地措辞，为什么特意使用的某些词却不能起效或是会惹人生厌，而使用恰当的、礼貌的、理解性和关联性的语言，则会产生完全相反的结果。通过引入一些课堂实录，我们就能非常清晰地看到：教师是如何通过使用恰当的语言，实现从吸引学生的注意力到鼓励其提出问题并进行探索、从防止学生产生迷惑不解到增强其独立性和实现生生互动的。玛丽莲这本书内容简单，但却精巧凝练。此书不仅限于课堂管理的内容，还提出了很多新老教师都适用的重要观点：关于拓展和强化学生的思维能力和课堂参与性，关于增强学生思考的独立性和带有批判性的反思力。

更重要的是：在本书中你还将遇到很多的学生和教师。其中，有运气不佳、处事杂乱无章的教师，有尽职尽责、技艺娴熟的教师，还有一些满心恐惧的教师。但是，每一个案例都阐述了一些重要的事件，撷取的情景既让人感到棘手又让人感到好笑，就像面对一教室的充满好奇和等待事态如何发展的学生。不要跳过这些故事，因为在这里，你可以置身某个教师真实的处境之中，他们可以为你提供价值无比的经验教训。

这是一本清晰而又直接的指导书，正如玛丽莲在书中明确要求教师应该给学生以关注一样，她也给了读者以同样的关注。玛丽莲曾在导言部分问道："课堂管理类的书是否已经足够了呢？"

现在，有了这本书后，就足够了。

布鲁斯·A. 马洛

布鲁斯·A. 马洛：著名学者，美国罗格·威廉姆斯大学教育心理学和特殊教育系教授。

原著序

一无所知

当我刚开始当教师的时候，我对教学一无所知。真的，我什么也不懂。至于课堂管理，我懂得的就更少了。当时，学校里师资极其匮乏，但凡是个大活人就能被学校聘用。好吧，虽说没那么严重，但也差不多就是这样了。我得到第一份教师的工作只不过是因为我完成了两年的大学西班牙语课（我一句西班牙语也没讲过）和两年的历史课学习，而密尔堡中学当时正好需要一个人来同时教授这两门课程。我拥有社会学的学位，却没有获得教师资格证，更没有教学经验，但是州里还是破格录用了我。

似乎有点滑稽的是：当时我还很年轻，看起来甚至比实际上更显年轻，所以经常被误认为是一名学生。当我在两个教学楼之间的走廊里值班的时候，不止一次地有教师走近我身边，提醒我要赶紧进入教室以免迟到。我对青少年的了解也经历了一个急剧变化的曲线过程。学校里花式多样的俱乐部和学生一些出人意料的寻欢作乐行为一直考验并动摇着我的单纯，使我再也不可能回到从前了。

迈克

从教的第一年，我遇到了一个特别棘手的学生。他是一个既活跃又调皮的9年级学生，每天都会打断和扰乱我的西班牙语课堂，而恰好他又是学校负责人的儿子。如果当年有人告诉我，他的不良表现是因为我的过错，我肯定会火冒三丈。相反，当时的我一直确信他就是一个缺乏管教的孩子，所以曾多次在放学后罚他留校。当然，我自己也因此而不得不留在学校里，这也无异于是在进行自我惩罚。那么，一次次的留校有没有最终改变他的行为呢？也许是吧，但只是暂时的，并没有真正地改变他的行为。为此，我肯定也没能讨好我们的负责人大人。

两年后，我来到另一所学校工作。有一天，在开车回家的路上，我听到收音机里的一则报道说，一名教师强迫一名学生在一个狭小的壁橱里呆了整整一堂课。一时间，我愤怒至极。由于当时我正独自驾车，就大声对自己喊道："收缴那个混蛋教师的教师资格证！""哪个有理智的人会这样做？""没有哪个学生应该受到如此的惩罚！"可是，随着报道的继续，我的愤怒却转瞬即逝，因为记者在解释说该学生的父亲恰好是个学校负责人的时候，偶然地提到了那个学生的名字。你猜对了，我认识这个学生。他就是迈克，那个多次在放学后被我留校的学生。转眼间，我那满腔正义的愤怒转而变成了难以置信的狂喜和强烈的宿仇终得一报的快感。"万岁！"我大声尖叫着，"终于有人把那孩子关在壁橱里了！"

这个故事的意义在于它表明教学不是一件容易的事情。不是每个学生你都会喜欢，但是你却不得不管理好满教室里的每一个学生。虽然课堂管理远比教学困难得多，但是，为了实现有效的教和学，管理好课堂却又非常必要。你的课堂会有20～30名或是更多的学生，他们各不相同，个个对你有所期待，其中包括对安全、积极和有吸引力的课堂的期待。

略有所知

几年以后，我教遍了7—12年级的每个年级，涉及每一级学业水平，教过乡村、郊区和城市里的不同学校，我不再一无所知。我已经略有所知。确切地说，我已经懂得相当多的东西了。我已经有过各种各样非同寻常、令人惊讶甚至是令人震惊的经历，包括：我的学生在州级和国家级学科竞赛中获奖；一个学生在其父母卧室外的一棵树上上吊自杀；有些学生克服了羞怯感；有的学生在听到肯尼迪总统去世的消息时被吓得瘫坐在地上；学生学会了相互尊重；学生隔着玻璃窗打架，从窗台上掉下来；学生们看到了“挑战者”号航天飞机腾空而起和突然爆炸的灾难性瞬间；一个得了学校恐惧症的学生重返学校；一个学生被枪杀；学生们相互对射；有学生威胁说要枪杀我；学生们学会富有责任感地、有礼貌地行事；有学生在他们的汽车里吸食毒品；也有些学生的成绩远远超出了他们本人的期望和想象……

大学期间的快速成长——做我的“家庭作业”

是的，我的确知道了很多东西，但为此我在大学里攻读了博士学位，并付出了20多年的时光，深入观察幼儿园到12年级的职前教师、实习教师、新任教师和资深教师并与他们合作共事，以便把我所知道的事情勾画出来，并制订出一份文字计划来预防课堂干扰的发生。同时，这里还集结了我在一所州立大学、两个研究机构和一个耶稣教会大学的工作经历与劳动成果。

实地测试：实习教师和课堂录像带

在我作为一名博士生和身为一名大学教授的头10年里，观察实习教师是我职责的一部分。这些实习教师（我之前几乎从未见过其中的任何一位）对课堂管理知识的欠缺、对课堂管理准备的不足让我震惊，更让我深感震惊的是，他们极端欠缺发展自己管理体系的主动性。

从第一次遇见实习教师，我就对我所观察的每一堂课进行了录像记录；每位实习教师在一学期里会被录像六次。在对每一位实习教师的首次观察结束后，我都会与他们一起就什么在起作用、什么没有起作用展开讨论，尽可能多地记录下实习教师本人的说法。如果该实习教师还没有下一步的工作计划，我就会向他介绍我以为能够对这个特定课堂的混乱局面迅速起效的任何必要步骤（当时，我还没有确定或者命名这6个步骤，我只知道在这个教室里必须发生哪些变化）。实习教师的工作就是从当时的现状着手，坚定地、持续不懈地实施这个（些）

步骤。对此，实习教师们的反应有时是赞赏的，但大多数时候是表示怀疑，有时甚至是直接的抗拒、不相信和恼怒。

每盘录像带都记录了应用（或者有时没有应用）某个（些）特定步骤后课堂所发生的变化。如果实习教师仍然不知道自己接下来该做些什么，我就会根据其课堂现状和处境，介绍下一个（或多个）步骤。通过这种方法，每盘录像带都成了一个记录课堂变化的档案。多年来，通过给实习教师的课堂录像，我积累的录像带已经超过了1500盘。

实地测试：新任教师和资深教师

我在大学里与一些新任教师和资深教师的工作，通常来自于执行一些新的项目或政府给学校的新任务，和大型研究项目参与者的合作及在华盛顿州海岸职业资格认证项目中指导一个试点项目，其目的是测试一个针对执教1～3年的教师职业资格认证的新程序和新要求。从这些工作经历和相关的数据资料中，我发现：我遇到的凡是能成功管理自己课堂的新、老教师，他们全部实施了这6个简单步骤，当然，除此之外也有更好的步骤。然而，有些资深教师（有的有20年或更长的教龄）看起来像是或者的确就是比实习教师还要糟糕的课堂管理者；他们没有应用这6个步骤；课堂一派混乱，无序、吵闹、没有安全感、没有焦点、没有成效。对于新任教师而言，有些人形成了自己稳定可靠的课堂管理体系；也有些人还在为此而苦苦挣扎，甚至考虑离开这个行业。

实地测试：在我自己的课堂上

但是，指引我完成这本书的并不只是这些经历和数据。不必再去进一步地刻意寻找，单是从我自己的教学方法课上就能发现，职前教师在面对课堂管理问题甚至在迈入教室之前是多么的不知所措。我在大学任教的许多年里，下面的场景一直在我的课堂上反复上演。在第一天的教师职前教育方法课（根据具体课程安排可以针对大学二年级、三年级、四年级的学生和研究生）上，我通常会要求学生回答几个问题，其中总有一个问题："对于成为一名教师，最让你担心的是什么？"对这个问题的所有回答几乎如出一辙，对于管理满满一教室的学生，大家都表现出某种忧虑——如何才能更好地控制课堂秩序，如何才能知道在出现麻烦时该做些什么。在学期末，当学生们准备实习时，即使已经针对课堂管理进行了长时间、分角色的准备、讨论和演练，同样的顾虑仍然浮现或是隐藏在对于成为一名教师的其他每个忧虑之中。

预备教师培训项目

此类情形，不足为奇。在能找到的所有调查中，问及职前教师、新任教师和资深教师所担忧的事情时，课堂管理总是榜上有名，并且总是最为普遍的忧虑。职前教师和在职教师在面对课堂管理时遇到如此多的问题毫不奇怪，他们把这当做教学中的主要忧虑也不足为奇。因为，大多数预备教师培训项目中并没有开设课堂管理课程，即使开设了，通常也只是些选修课程，或是缺乏实用性，或是被缩减成很少的几节课，安排在教育心理学或一般性教学方法课程中。特别是新任教师，经常会把课堂管理问题归因于预备教师培训项目中缺少相关课程，并且产生一种被这些项目出卖了的感觉。在对 42 个预备教师培训项目的研究，包括对培训环节的研究中，竟然没有发现一个项目把课堂管理作为基础知识。在一项研究中，一些刚刚上任的教师甚至认为，如果当初完全跳过大学里所有的教育课程，他们对课堂管理的准备也不会有两样。

本书的诞生

你知道吗？有 50%（在城市往往会更高）的新任教师会在其从教的最初五年内离开该行业。不仅是对新任教师，对资深教师也是一样，在课堂管理方面出现问题，始终是他们决定离职的主要原因之一。显然，有些东西必须有所改变。这些多年的文字记录和我收集多年的强大数据的组合，已经经过过滤，渗透进我的脑海，挥之不去。直到我分析了全部这些数据之后，我的工作才变得直观起来，我看到了一幅巨大的图画，随之，一切变得越来越清晰，正是这 6 个简单步骤，以戏剧般的和富有成效的方式，正在改变和已经改变了课堂的动态和我曾经共事过的教师们的课堂生活。

所以，为了描述并解释这 6 个简单步骤，这本书也就诞生了。

本书的研究范围和方法

以为这些步骤将会完全消除课堂上一切不必要和干扰性的行为，无疑是一种愚蠢的想法。在不同的课堂上，会出现各种各样不同的和具体的问题。然而，本书中的实地测试、案例记录和工作分析涉及范围广泛，所采用的研究方法既有定性的方法又有定量的方法：结构化访谈法；特殊个案、历时90分钟、深度的非结构化访谈法；观察法、拍摄录像以及对录像内容的分析；人类历史学的个案研究法；调查法；问卷法和作品分析法。我所做的实地测试和20年的档案记录表明：在防止和减少课堂上的意外干扰、混乱和不端行为方面，所有使用这些步骤（数百名教师）的职前教师和在职教师，都已经取得并将继续取得巨大的成功。

目　录

导　言

前提

并非总是因为“可怕”的学生

我先提出一个重要的前提：任何教师想要成功，想要创造充满活力的课堂，他就必须做好准备和组织工作，必须为学生创造能潜心体验学习过程的条件。这是产生活跃、富有成效的课堂的关键。然而，教师不仅能够组织、准备和创设非同一般的、引人入胜的学习活动，同样也能轻而易举地破坏掉课堂的生机。20 年来，我曾经目睹此种情形重复发生在数百名学生、新任教师和资深教师身上。教师们不辞辛苦地制订出创造性的学习计划，却不得不因诸种干扰和混乱而使其破产。

几乎每一个感到沮丧和苦恼的教师都向我抱怨过课堂的混乱和学生的可怕，他们还警告我：“等你知道他们都在做些什么、有多么糟糕之后，你就会明白我们为什么无能为力，他们真是一群可怕的孩子。”可是，当我告诉他们不过是由于他们自己没有促使课堂足够积极而导致问题发生时，教师们却感到震惊并心存戒备。其实，解决问题的真正前提是：并非学生真的很糟糕，而是教师必须要促进积极课堂的产生。

学生和教师必须感到安全

第二个前提是：当学生感到不安全时，他们是不能学习的。同样重要的是，当教师感到不安全时，他们也不可能教学。毫无疑问，如果课堂失去控制，那么对每一个人都是不安全的。但是，并不是整体混乱的课堂令师生们感到不安全，而是少量脱离主题的交谈、大笑、傻笑、白日梦、戏弄、模仿或者打断使然。如果一名教师不能制止这种无序或是此时向学生示弱，他就不能赢得学生的信任。这种学生信任的缺失，将导致学生更加不得体的和破坏性的行为发生，从而使教师驾驭课堂的能力不得不继续经受考验；这些行为和考验不仅会吓着学生，也会吓着教师，使他们感到无法履行自身职责。而且，这种情形还会逐渐地演变成无序、恐怖和课堂失控的恶性循环，妨碍正常的教学和学习活动。

课堂管理类的书是否已经足够了呢？

教师需要积极主动，教师和学生需要安全感，然而关于课堂管理的书籍是否已经足够了呢？实际上，这类书面读物已经数目众多；在美国教育资源信息中心的数据库系统中可以检索到 20000 多条记录。检索任何学院、大学的图书馆或者网络书城，你也可以发现大量课堂管理类的图书。除这些书籍和文章外，还有数以百计的电子图书网站。

这些书籍中有大学教材，有各种课堂管理理论和体系的研究，有提供创设和谐及有效课堂的种种策略。其中，有些书的卖点在于它们并非单纯的入门指导，而是力图详述学校里各类课堂的情形，并且从开学的第一天开始就规划课程、安排教室、使用代币奖励、向父母讲述学生的在校表现、采用特定的纪律和管理程序等，它们还协同学校的行政管理。

但不幸的是，一些书看起来更像是关于训练动物的入门书籍。书中描述和推销诸如闪动灯光、倒计数、摇铃、给食、提供惊喜和不吝赞扬等技术，其他书籍也是建议和推行类似的种种行为。例如，把名字贴在黑板或者鱼缸上；设定休息时段；宣布“照我说的去做就能得到它”；要求违纪的学生在墙角面壁而立，并反复朗读自己所违背的条款。除此之外，还有很多诸如此类让人难以置信的事情。所幸有些书虽然功效不大，也很少探究根本性原因，只不过是关于暂时性的行为调整而已，但是却在力图远离此类低效和拙劣的奖惩制度。

本书与其他书有何不同之处呢？

这不是一本传统的关于课堂管理的书。这是一本初级的入门书，一本毫不矫揉造作的入门书。它简单明了，汲取了数百名职前和在职教师数年的研究、数据和经验，归纳出 6 个简单、必要而又实用的课堂管理步骤。这不是一本关于奖励和处罚的书。通过讲述他人的故事，这本书告诉教师们如何能防止课堂混乱，而不是去正面应对混乱。同时，此书还演示了如何实施这 6 个步骤把学生的注意力集中在实质性的问题和挑战上，从而创设富有生机和成效的课堂。这样一来，教师不仅能使课堂充满积极向上的活力，还能帮助学生在学习中发掘自己的潜力，促使其健康成长。最重要的是，这些步骤的确奏效。尤其是对于那些面对课堂管理无从下手的教师、那些曾经学习过也尝试过其他管理体系却在操作中陷于迷茫的教师，相信这些步骤会对他们有所帮助。

参与预备教师培训项目的教授们可以将此书推介给自己尚未入职的学员，每位新任教师都可以带着这本书走进课堂——先是仅供参照，后来呢，无论是新任教师还是资深教师，只要是为课堂的种种问题所困扰，都会需要这本书，因为改变课堂氛围和文化气息永远不会为时已晚。你注定会用上这本书，而且会将它翻得卷边折页，它会为你的课堂带来每一分积极的、让人震惊的变化，还会增强你作为授课教师的自信心！

本书的书名

“让学生都爱听你讲”抓住了这本书的核心内容。它并没有提及任何特定类型的教与学的方法，也绝不是指站在教室前面讲课的形式。该题目意味着如果教师和学生的注意力不在课堂上，那么任何有意义的教或学的活动几乎都不可能发生。

教师

如果教师没有注意到学生在打断课堂及其他的不当行为，或是虽然看到了却由于某种原因不知道如何应付，或是因害怕引发更糟糕的混乱而忽略它的存在，那么学生就会无法学习。如果教师不是在用心“倾听”课堂的“心跳”，那么，学生和教师的成绩就都会受到影响。

学生

如果由于学生在课堂上表现不端、课堂干扰太多、学生缺乏安全感，而教师对课堂的管理又十分拙劣等原因，导致学生缺席、听课时心不在焉，那么课堂就注定会失败。相反，学生会很沮丧，会不尊重老师、溜号，甚至出现更多的恶作剧行为。

本书的结构

小场景

本书有 14 个小场景介绍不同背景、教师、学校、学生和话题。这些场景赋予话题以人性化的色彩，并且提供了实施 6 个简单步骤的有效实例。书中的人物、学校和事件均有真实出处,不过在引用时做了匿名处理。无论每个场景涉及的是学生、新任教师还是资深教师，无论该场景展示的是 2 年级、4 年级、8 年级还是 10 年级的事情,无论发生在城市学校还是乡村学校，无论是在小学还是在大学，无论是在富于多样性的学校还是在缺乏多样性的学校，所有教师都能从每个场景中受益。包括小学、初中及其他中等学校的职前和在职教师，都会通过这些场景懂得这 6 个步骤何以如此意义重大。

章节

全书共分八部分,前六部分内容分别描述并解释 6 个步骤；最后两部分内容分别聚焦于理顺混乱课堂的模式和不同职业阶段的教师如何应用这些步骤上。

第 1 步解释如何前后一致地、经常性地、快捷地了解和使用学生的名字，从而避免被打断，并且使学生的注意力更集中，使课堂互动更积极。此外，本部分内容还谈到学生互相了解和使用对方姓名的重要性。

第 2 步界定匿名的和悬空的问题。讨论为什么使用这些问题会导致混乱，以及如何在课堂上通过不同的提问方式来消除混乱并引发有效的思考和回答。

第 3 步的核心是教师的课堂用语，检视其正反两个方面：多余的和非专业的教师课堂用语会产生有害的结果，而有亲和力的教师课堂用语则会在创设成效鲜明而又安全的课堂环境方面发挥积极作用。

第 4 步专门探讨如何给学生以指导才不会使其在课堂活动中感到迷茫，如何让学生集中注意力，如何防止课堂被打断，如何鼓励并促使学生接受和坚持完成任务。

第 5 步先解释为什么不同类别的课堂对注意力的多少和种类有不同的需求，然后描述如何防止学生在任务转换期间以及新任务下达之初分散注意力或者出现普遍性的不守纪律现象。

第 6 步谈论教师每天要和所有学生多次互动以建立师生联系的重要性。本部分内容还给出了增进生生联系以使课堂变得连贯、浑然一体且充满活力的方法。同时，这些努力也会最终减少课堂的混乱状态。

“在非常乱班实践 6 步法示例”部分由两名教师为大家演示如何将混乱、吵闹、功能紊乱的课堂恢复到可以实践这 6 个步骤的模式。这些模式就是专门针对那些课堂已经过于混乱、难以发生有效变化的教师的。

“开始行动吧！”部分指出：实施和使用这些步骤的具体方法取决于一个人在本职工作中的位置。本部分内容还针对职前教师、实习教师、新任教师、资深教师甚至大学教授提出了建议。

关于身份标记

如今，我们已经越来越难以找到可以被人们普遍接受的描述符来描述关于一个人的民族、种族或者文化方面的种种关联。似乎每个人都有自己的是非观。同一群体内的人却要有各自的身份标记，全国不同地方的人也都有自己喜好的身份标记。

我有个同事，她是地道的印第安人后裔，但却从来都不愿意被称做“土著印第安人”，她喜欢人们叫她“美洲印第安人”。当西班牙裔美国人在文学作品和美国某些地区，甚至在维基百科颇为流行时，连许多祖籍在拉丁美洲的人也宁愿选择“西班牙裔拉丁美洲人”(Latino)一词来表达自己的身份。在有些地区的文学作品和会话中，“英裔美国人”成了“白人”的代名词。有些太平洋岛民甚至并不介意被称为“亚洲人”，而其他人则不然。有些非洲后裔喜欢被称为“黑色人种”，有些更喜欢被称为“非洲裔美国人”，还有一些人喜欢“有色人种”这一称呼。

在此，我选择“白人”、“黑人”、“美洲印第安人”、“印第安人”、“亚洲人”和“拉丁美洲人”这些术语来指代美国人，而不考究他们究竟是第一代、第二代，还是其他哪一代美国人。

与此同时，这些名字也表示这些人的世袭和传统。

实施步骤之前的相关解释

在实践之前，教师不妨先想想，学生的安全感有一部分是来自于他们清楚你们正在做什么、将要做什么及为什么要这么做。所以，无论是在学年伊始、期中，还是将近尾声的时候，教师都要向学生解释自己的个人行为和课堂安排变化的过程、程序和缘由。教师要在长期的实践中培养每个学生的理解能力、保持冷静的能力、清晰表达的能力和安全感。

6个步骤中的每一个都对形成安全的、有组织的、有效的和积极的课堂环境起到重要作用。所以，别被有些步骤看似过分简单而蒙蔽。每个步骤的存在都有充足的理由，你甚至可以在已有基础上丰富其内容。无论学生的年龄或年级水平如何，教师都不要省略掉向他们解释关于步骤变化和实施程序的环节，否则就会产生战术性的错误。如果你向学生讲清楚原因，他们就会更乐于与你合作，那么你实施起这些步骤来也会更加胸有成竹。

路线图

6个简单步骤给每位教师提供了成为成功的课堂管理者的路线图。如果每位教师在实施这些步骤的过程中能取得程度相当的成功结果，那就非常理想了，可是生活总是不尽完美。教师并非生来水平相当，也没有任何两个或两组学生会完全相同。虽然一次课堂或者一所学校的情况会变数无穷且无以复制，但是任何教师都不要就此泄气。如果实施某个步骤的首次尝试就不够完美，那么坚持、决心、专注甚至重复某一特定的步骤就会使结果大不相同。

记住，能够成功管理课堂并非你旅程的终点，而是起点。

第 1 步

关键的开始：了解和使用学生的名字

巴里

背景

巴里是在一所综合研究型大学里参加中学预备教师培训项目的一名高年级学生。他的教育实习被安排在北方高中，该学校坐落在一个约有两万人口的郊区小城市。巴里为 10 年级学生讲授公民课。在他完成了初期随堂听课任务之后，我恰好有幸聆听了他的第一堂公民课。当时巴里讲授这门课程已经有两个星期了。他所教的学生都是白人，但学业水平参差不齐。

巴里的授课计划

巴里把每个星期五定为时事日，届时，每个学生都要找一篇反映当前政治或社会问题的文章，然后在课堂上向全班同学进行分析和介绍；介绍期间，班上的其他同学要设计三个批判性问题；在介绍结束后，他们要向该同学进行提问。虽然这个授课计划算不上特别新颖，但似乎还可以接受。

星期五

学生们三三两两地进入教室，他们大多边走边相互交谈着，爆满的书包吊挂在肩膀上。他们像布娃娃一样跌坐在座位上，随着“嗵”的一声响，把书包重重地摔在了地板上。巴里坐在教室前面的讲桌后面，既没有抬头看看，也没有说什么。上课铃声一响，巴里就直接进入了当天的授课程序，他并没有有意地吸引学生的注意力，甚至根本没有留意学生是否在关注他。接着，他向教室后面走去，在最后一排的一张课桌前停下来，叫了声“贾斯汀”。

贾斯汀

一个又高又瘦的16岁男生，带着生气的表情，拖拖沓沓地站起身，像走向绞刑架一样地走到教室前面。他身体前倾，斜靠在讲桌上，用一种没有任何起伏变化的声调读完了他的文章，他的眼光一刻也没有离开过手里的那张纸。文章内容枯燥无味，并且跟当前的时事毫不相干。在贾斯汀读文章的时候，同学们就已经开始谈论起一些其他的话题。巴里既没有关注那些聊天的学生，也没有关注贾斯汀的表现和他所读文章的内容。

问题

在贾斯汀发言结束后，为了激发学生提出问题，巴里提示道：“提问时间到了。”当发现学生们毫无反应时，巴里就一连串地提了自己的5个问题。提问期间，巴里没有和包括贾斯汀在内的任何人有任何的眼神交流，他只是从笔记本上把自己在贾斯汀读文章时提出的问题读了一遍。他仍然没有关注学生们逐渐升级的种种走神问题，包括聊天、在课桌间滑动书包、传递纸条、吃东西等。巴里也没有在意贾斯汀的反应，只顾埋头提问。

提问贾斯汀之后

然后，整堂课都在按这样一种模式继续：巴里向贾斯汀提问完自己的问题之后，宣布让贾斯汀坐下，然后从第一排第一个学生开始，每个学生按座位顺序依次到教室前面发言。在讲台上读文章时，时常也会有学生如贾斯汀一样斜靠在讲桌上，没有学生提出问题，于是由巴里匆匆地提出一系列问题。课堂接近尾声，巴里的声音已经变得越来越大，以便能盖过教室里越来越高的喧闹声。在整堂课上，巴里用过的学生名字就只有一个——“贾斯汀”。

巴里的故事里包括了很多课堂管理问题，这是出现在实习教师和新任教师最初

学生的发言

不幸的是，学生的发言也会枯燥乏味，内容空泛，只代表发言者本人及其他学生学习和分析能力的很小一部分，此外，往往还会激发种种与课堂任务无关的糟糕行为。你不妨尝试一种替代的做法：别让他们去做会激发起其不良表现的听说类活动，让每个学生和其他学生做一次“学习经验交流”。这样一来，每个学生都会在与其他学生的共同活动中学到某个概念或者了解某个话题。任何年龄段的学生都可以在某个层次上开展此类活动。这需要你发挥自己的专长来提升学生对自己角色的期望，也需要你的指导来教会学生如何做到这一点。有一种开始的方法就是向学生们征询建议如何才能做到这一点。

> **课堂管理问题**
>
> 在巴里的课堂情景中，你能发现什么课堂管理问题？
>
> 把你发现的问题与本部分内容末列出的问题清单进行核对，看看是否一致。

几个星期教学中的一些特有的问题。但是，对任何一个年级的教师而言，不论是实习教师、新任教师，抑或是资深教师，这里都存在着一个至关重要的问题，这也正是巴里在走向成功之前最需要关注的问题，那就是：这里究竟出了什么问题？巴里的问题究竟出在哪里？

了解和使用学生的名字

无论你把自己的课堂和教学方法定义为传统型、教师中心型、学生中心型、循序渐进型、调查导向型、项目导向型、苏格拉底型，或是其他任何类型，为了实现最佳学习效果，教室必须成为一个安全的、充满关爱的地方，学生需要感受到归属感。无论他们是谁，或是他们的背景如何，只有感受到关爱，他们才会喜欢学校。课堂有效管理 6 步法的第 1 步就是要创造与学生初始的、重要的、持续性的互动关系，为营造积极的、充满关爱的课堂环境奠定基础。

显而易见，了解和使用学生的名字是非常关键的，这向学生表明：

1. 你很在意这件事情，并为此努力地在做这件事情。
2. 你很在意与他们进行个人间的互动交往，并愿意认识他们。

3. 你知道自己在做什么，并且很自信。

4. 他们不是匿名的。

5. 他们没有吓倒你。

你的头号课堂管理工具

等等……教师们已经做到了这点，不是吗？虽说不是一直，但教师们也会经常去了解和使用学生的名字。但这一点是否能成为课堂管理的有效工具，就要看教师能否在学生新学年开学伊始就很快地记住学生的姓名，能否在一开始和整个学年中都能快速、自如、频繁地使用这些姓名。同时，对于建构积极的课堂环境而言，学生能够像教师一样很快地了解和使用彼此的姓名也同等重要。如果一个学生感到自己就像是被隐姓埋名了一样，或者与教师及其他同学没有什么联系，他就很容易出现随意的不良行为；如果一个学生感到自己与教师及其他同学有关联，他扰乱课堂的几率就会小得多。在了解和使用学生姓名的过程中，职前教师和在职教师会有所不同。

实习教师和实习生

职前教师会在多种不同的情形下开始他们的实习。有些人从学生新学年的第一天起就开始实习；有些人从一月份开始，那时候授课教师和学生都已经形成了某些课堂习惯（好的或是坏的）；还有些人从预备实习学期的第五周或六周开始；在有些预备教师培训项目中，实习生要立即成为授课教师并负起全部责任。无论这些实习教师和实习生什么时候开始他们的实习或实习期，了解和使用学生的姓名都同样是课堂管理的关键步骤，是预防小的扰乱和大的吵闹、创设学习型课堂环境的关键步骤。

实习开始之前

很多实习项目要求实习教师或实习生在实习期的前几周内随堂听课，并且偶尔协助指导教师完成一些复印试卷、准备幻灯片、建立学生学习中心、陪同学生去图书馆、给办公室传递信息之类的事情。有些大学甚至会要求实习教师随堂旁听学校其他课程和活动项目。尽管这是一些熟悉课堂和学校生活的重要实践，但是，这些要求却会给尽快了解和使用学生姓名带来困难。即使如此，了解学生姓名仍然是一件你必须要做的事情。在实习的第一天结束之前，作为实习教师或实习生，你应该能够把每一个学生姓名和学生本人对上号，应该使用过他们的姓名，并用眼神与每个人进行过交流。

> **姓名标签**
>
> 姓名标签是确保这种日常交流和记住学生姓名的一种最简单方式。

此后，在你完全接管这个班级之前的每一天，设法和每个学生进行交流互动。比如，你可以只是简单地站在门口说：“你好，奥尼卡！”“你好，加西亚！”“早上好，布里特！”直到你用班上每一个学生的名字迎接过他们。打招呼的时候，你还可以用不同的表达方法。例如：“昨天我想你了。”“那场足球赛踢得怎么样？”“你的项目进展得如何？”“你感觉好些了吗？”“见到你真高兴。”

实习教师的责任

在开学的第一天就要了解学生的名字，或许在你的大学课程要求中并没有列出这样的条目。你的大学教授或许并不认为这一点非常重要，或者他们干脆就没有去想这一点。在这种情况下，你必须积极倡导，主动地预先向指导教师解释你为什么需要和想要这样做。要坚持，但也要尊重对方。有些教师可能会告诉你在随后的实习中自然会知道学生的姓名；有些教师会说没有时间去做这些。再说一次：要坚持（有谁会拒绝称呼姓名呢）。这样做可以使你自己和班级避免实习教师接管班级时经常发生的一些恶作剧。这样做会让学生知道你认识他们；他们会尊重你的自信；他们相信你清楚自己在做什么；他们相信你关心他们；他们知道他们并没有吓倒你。你们之间一种非常重要的师生关系已经开始建立。一旦你完全接管了这个班级，就要每天都和每一个学生进行互动。这时，开始建立下文所述的学生之间的关系就很必要了。

在实地训练项目中，实习教师很快就会成为全职教师，甚至有时根本就没有指导教师在场，实习教师的工作和全职教师没有什么两样。在实习第一天结束之前，要能够了解和基本熟练地使用学生的姓名，对于学生的要求也该如此。在实习第二周结束时，在使用学生的姓名时则要达到中等熟练程度。

新任小学教师和资深小学教师

不管是新任小学教师还是资深小学教师，都没有理由不在开学的第一天就去了解和使用学生的名字。在第一天结束时，能够毫不费力地把每一个姓名和每一张脸对上号；并且在这一天当中，与每一个学生有目光接触时，能够用他们的姓名与他们进行多次的交流互动。在入学的第一天，这比其他任何事情都更为重要。这将节省你大量的时间，否则，随着学年的进展，你将不得不花时间去处理课堂上出现的种种混乱情形。

在这方面，有以下几种方法可供使用。开学前就浏览班级的花名册，以熟悉班上学生的姓名。在开学的第一天，熟悉学生姓名最简单和最万无一失的办法就是为他们准备好姓名标签，让他们在当天的大多数时间里都将其佩戴在身上，并进行自我检查。到第一天结束时，要能够不用标签就能正确地叫出每个学生的姓名。在第二天和随后的日子里，每天的第一件事就是每当与学生有直接的目光接触时，就要叫出那个学生的名字。

因为生生互动同师生互动一样重要，那么从开学的第一天起和在随后的大约两周里，就要开始关注此事。要求每个学生在与其他同学有目光接触的时候都要叫出对方同学的姓名。

雅韦图

并不是所有的小学教师在每天、全天都能幸运地看到自己的学生。看看雅韦图吧。我遇到雅韦图的时候，他已经是一个从教 10 年的资深体育教师了。他所在学校的学制从幼儿园到 6 年级，拥有 650 名学生。该学校隶属于全国最大的学校体系，由于学生的多样化，学校手册有七种语言版本。

雅韦图授课表的优点

雅韦图教授全校学生的体育课，所以随着年级的增长，他们变得熟似一家人。一旦雅韦图在低年级就与学生及在学生之间建立起了联系，那么后来的进展就会越来越顺畅。他需要花在了解学生姓名和课堂管理问题上的时间也就会越来越少。

雅韦图授课表的缺点和班级规模

我认识雅韦图的那年，是在他的 3 年级的一次课上，班里有 39 名学生，其中 9 人情绪失调；在体育馆里，雅韦图还有一名助手。那些情绪失调的学生不时地表现出各种逆反行为，需要不断地给予各种不同形式的关注。但是，在雅韦图要密切与学生关系的问题上，他的授课时间成了其中的最大问题。他每周只有两次能见到各班的学生，每次只有一个小时。有时，缺乏连续性是建立师生和生生之间持续联系的障碍。这使得每堂课都有需要被重新提醒和要求回忆的东西，需要重新约定沟通和交流的过程与规则。

另外一个问题牵涉到新来该校的转学生。到 3 年级的时候，雅韦图的学生已经彼此十分了解，并形成了一个紧密联系的有机整体。这时，新加入到这些班里的学生就要面临这样的问题：如何去了解其他的学生，如何使自己也成为这个团体之中的一员，并能乐在其中。

沙里

沙里是这个 3 年级班里的一名插班新生。足够的经验告诉雅韦图：不管他的学生见面机会多么稀少，如果学生们不能互相了解和交流，那么发生的就不单是一些行为方面的问题了。为了介绍学生们相互认识，雅韦图的方法是利用搭讪游戏。这就是他为了让沙里在第一天就感到自己很受欢迎而要努力去做的。

当其他学生跑到体育馆的中心去参加游戏的时候，沙里却像是被紧紧地粘在了墙上一样。一些学生因为一些特殊需要，加上自制力很差，就时常会喊出一些口头禅式的脏话，这就使得课堂变得喧闹不堪。沙里开始大哭起来。

逐渐了解沙里

雅韦图停止了上课，他非常平静地告诉学生他们在欢迎班级新成员方面的责任。他让一些吵闹的学生和他的助手一起去体育馆的另一边完成某项特定的训练，然后非常简洁地告诉沙里，在她觉得自己可以加入到其他学生中之前，她只要坐在场边就可以了。过了不久，雅韦图让两名学生来到沙里所在的墙边。他们的任务就是要让沙里感到自己很受欢迎。在雅韦图班上以前的经历已经告诉他们该如何完成这项任务。他们已经学会了如何去谈论一些学生之间的共同话题。在雅韦图的班上相处三年之后，他们已经在建立团队的过程和帮助新同学记住大家的姓名方面变得十分熟练了。

同时，雅韦图宣布游戏重新开始。过了一段时间之后，他又派了另外两名学生来到沙里身边，以便在前面的两名学生返回游戏场后，又有两名学生可以把自己介绍给沙里。这些学生都很熟悉这个过程该如何进行。就这样，雅韦图派学生陆陆续续地在游戏间歇来到沙里身边，在后面的一个小时里，全班的学生都把自己介绍给了沙里。

结果

下次课是在两天之后，但沙里似乎仍然没有做好非常自在地融入班级的充分准备。于是，雅韦图又每一次让两名学生去陪她。这个过程被重复了两三次课之后，沙里终于觉得非常自在了，并毫不迟疑地融入了这个班级。作为一个有机的整体，雅韦图的班级已经为继续前行做好了准备。

新任中学教师和资深中学教师

初中生和高中生

在初中和高中的学校里，了解和使用学生的姓名是更为关键也更为复杂的事情。初中生和高中生是更具多样性的群体。初中和高中的课堂环境甚至比小学的课堂环境更容易受到学生所体验到的安全感和归属感的影响。中学学生的入校情况各不相同。他们入校时的水平不一，入校时间不同，但是他们对被疏远和被剥夺权利的感受却是相同的；许多学生要应对社交问题及生理发展变化问题；认知的发展和辨识能力的提升使其思维异常活跃；有些学生滥用毒品；许多高中生每周要一起学习长达 40 个小时；同龄人最终成为比家人更重要的支持力量。

这里还有其他一些发展性和文化方面的因素共同影响着初中生和高中生的行为举止，并最终影响着他们在课堂上的生机与活力。这些因素会影响到他们进入教室的方式；对于初中生来说，他们大多会推搡着、拍着手、欢跳着（玩闹着或是其他）进入教室；而对于高中生来说，他们则可能像海啸、龙卷风或是像火山爆发（见第 5 步）一般地闯入教室，也可能像一支无精打采、阴沉抑郁的送葬队伍一样慢吞吞地走进来。这就需要一个高水平的教师来管理，并提供一种积极的、富有成效的和安全的课堂环境。事实上，初中生和高中生的确别具魅力……却又有待引导……

初中和高中的学校生活

此外，还有一些程序上的和数字上的差异会使初中和高中阶段的课堂管理和安全问题产生实质性的变化。

1. 学生往往在一天之内就要数次地从一个课堂转到另一个课堂。
2. 在不同的课堂上，学生要面对不同的规则、程序和要求。
3. 学生们在 A 课堂上经历体验过的一套规则和程序，到下一次回到 A 课堂上重新面对这套相同的规则往往要历经长达 24 小时（有时遇上长课时课表甚至是长达 3 天）。在这之间的时段里，他们或许已经又体验了五套或者更多的规则和程序。
4. 一名初中或高中教师每天可能要接触 70 ~ 150 名学生——大约是一名小学教师的 5 到 10 倍，但他们每天和每组学生相处的时间却只有小学教师的 1/5。

了解学生的名字

利用开学第一天的时间去了解和使用学生的名字。你可以在网络上找到许多记住名字的策略，但最简单的那个才是最有效的，因为学生也必须和你一样记住每个人的名字。因此，不仅是你，还有你的学生也在了解彼此的名字。这也是一个让大家开始建立人际联系，并把每一组单个的学生转变为能紧密配合的一个团体，使其在以后的课堂中减少问题的过程。记住，要向学生解释为什么了解彼此的名字是十分重要的。

一个简单的策略

1. 向学生讲清楚他们要被分成两人一组，并且要相互提问两个问题。（如果不喜欢这些问题，你可以自己设计问题。这样你可以更富创造性地使这些问题与学生以及他们的年龄和年级相匹配。）然后，每组中的每个成员都要向你和全班同学介绍另一名组员，介绍时要使用对方的名字和对应问题的答案。例如，“这是劳拉。她最喜欢的课程是科学课，她最喜欢的电影是《备受煎熬的弗兰克》（*Surviving Frank*）。”

2. 把问题写在黑板上：

a.“你最喜欢哪门课？”（可以替换为你的问题）。

b.“你最喜欢的电影、电视节目或你的业余爱好是什么？”

3. 在学生开始互相介绍之前，记住提醒他们（尤其是中学生）：他们所说的话不能违背学校的规章制度。

4. 还要向学生说明在该过程结束后，你还会让两名学生说出全班每个同学的名字；这会鼓励他们更加集中注意力。

5. 如果被你选中的学生没能记住所有学生的名字，就让那个被问及名字的学生自报家门，或是让另一个学生帮忙说出，然后让最初的学生继续。

6. 一旦有两个学生能够报出每个学生的名字，就该轮到你上场了。你要看着每个学生，并且说出他们的名字。如果你不能说出某些学生的名字，就要利用这个机会问问他的名字。你要复述一下这个名字，然后从头再试一遍。这种做法会满足你一个一个地认识每个学生的愿望，还会让学生认识到你的力量和存在，而这正是课堂管理的一个必备秘笈。

这也许是你在开学第一天每个课堂上能够完成的唯一的事情。但它非常值得你为之付出努力。你很有可能在第二堂课上忘记了他们中一些人的名字，尤其是当这门课不是每天都有的时候。在随后的两周里，每次开始上课前，先让两个学生叫出每个学生的名字，然后你再叫出全部学生的名字。这个过程每天都会比前一天进行得更快一些。两个星期之后，你和所有的学生就应该能够把每个人的名字和长相搭配起来，并且使得每个人的名字就在你的嘴边。在完成这项工作之前，不要去考虑课程的事。因为，对于你的课堂环境和学生在课堂上的学习成效而言，这是一个最为关键的基础。

记住学生名字的其他方法

座次表

完成这些练习之后，作为一个后备支持，你不妨用一用座次表。在你完成上述练习之后，如果你仍要拿着座次表才能正确地说出每个学生的名字，这也没有什么关系。相反，认为拿着座次表就表明你能力有限，或者认为根本就不必使用学生的名字，这才是完全错误的。如果这么做，你将会在整个学年中为这个过错而一次次地付出代价。这一切涉及建立接触、联系、相互了解、你在课堂上的角色和状态、课堂互动的起始和集体感等。如果你在某次跟学生说话的时候，不能使用或是没有使用他们的名字，你就可能向他们传递了如下信息：你不是很在意被烦扰，他们对你来说并不重要，你并没有在关注这件事，你已经累了，他们把你吓倒了，或者你不是这里的领导者。可是，如果你想要你的学生积极地表现、积极地回答问题、积极地投入课堂，显然这并不是你想要向他们传递的信息。

姓名标签和姓名卡片

在完成上述练习之后的另外一个备用方案是使用姓名标签，或者让学生叠一张 7.5cm × 12.5cm 的索引卡片，并用大号黑色字体在卡片上写上自己的姓名，然后把卡片像帐篷一样放在桌子前面。为了增加学生之间的互动，在课程结束时让他们把姓名卡片放到一个盒子里；在随后的几天里，让不同的学生一上课就把这些卡片分发下去。

长课时制课程安排

在初中和高中里有几种不同形式的长课时制课程安排。在有些长课时制课程安排里，会遇到和雅韦图 3 年级体育课上一样的问题，学生们每周只能见面一次、两次或者三次。如果你工作在这种模式之下，重复这些练习直到你和所有学生都能够彼此认识并能切实使用彼此的姓名，就显得更为关键了。

再说巴里

从教室后部看到的情景

我从教室后部看到巴里的课堂情景是：课堂缺乏生气、没有集体感、只有少数几个学生被吸引并能注意力集中、存在太多分散注意力的行为，以至于学生无法学习和获得安全感，并且课堂上几乎没有师生之间的互动性联系。其实，对巴里而言，在推进课程教学和处理其他课堂管理问题之前，了解并使用学生的姓名才是最重要的事情。他需要叫着学生的名字来欢迎他们进入教室；一旦学生在教室里，他需要非常自信地用名字招呼他们；他需要和整个班上所有的学生进行交流互动。如果没有这个关键性的起始步骤，巴里的授课计划就会进入混乱。课堂情况也会迅速或极度地恶化。每当巴里讲话时，学生就开始向他起哄和模仿他的言行，他们似乎在向他大喊："我们都在这儿呢！来了解我们吧！认识我们吧！和我们谈谈吧！哟—嗨，我在这儿呢！嗨……"可是，巴里依然声音沉闷而单调地讲着，似乎对他们的言行熟视无睹。

巴里怎么了？

不幸的是，巴里既不会适度地了解和使用学生的姓名，也不会与学生进行眼神交流。可是，缺少这一必要的基础，他就不能与学生建立起有价值的联系，也不可能在完成学校的教学任务方面有所收获。此外，由于缺乏和学生的重要联系，他在课堂管理上的种种尝试也都是徒劳的；在每一天，在每一堂课上，学生的蓄意破坏和伤害都占据着主导地位。大约在实习中期，巴里辞职了，同时也就失去了他的教师资格认证。

同样，如果不能始终如一地、经常地了解和使用学生的姓名，你也会和巴里一样自挖墙脚，令自己的种种辛苦和努力付诸东流。但是，这一切原本并非一定会发生。如果能够熟练地了解和使用学生的姓名，你就会顺利地创设出一个充满活力的课堂——减少混乱和干扰，增加课堂的安全感和聚焦于任务的相关行为。

巴里的课堂管理问题

1．在学生进入教室的时候，巴里缺乏与他们的语言交流和眼神接触。

2．在课堂上，巴里缺乏与学生的互动。

3．在学生做陈述的时候，巴里对他们的注意力不集中，对他们的粗鲁举止缺乏认识。

4．巴里还不够关注自身管理者的角色和任务要求。

5．在学生做陈述之前，巴里缺乏对他们的理解情况进行检查。

小结：第 1 步

1. 在开学前或是开学的第一天了解学生的名字。

2. 在学期伊始前两周的每堂课上，要求每个学生都能叫出全班同学的名字。你也要做到这一点。

3. 如果你在记住学生的名字时需要帮助，可以使用姓名标签、座次表，或是让学生在桌子上放上 7.5cm×12.5cm 的帐篷式姓名卡片。

4. 通过使用他们的名字与每一位学生进行互动，小学教师每天与学生要多次交流，中学教师每天与学生至少要交流两次。

下一步是什么？

第 2 步聚焦于教师在每一天和每一堂课上都要做的一些事情，即提问。该步将解释什么是匿名的问题、什么是悬空的问题以及这些问题为什么和如何导致课堂混乱的发生，另外，该步还将解释教师怎样才能更有效、更有条理地提出问题。

第 2 步

避免匿名的和悬空的问题

戴夫

背景

当戴夫决定放弃计算机程序员的工作而去当一名教师的时候，他已经结婚，并且已经是两个孩子的父亲：一个 6 个月大，另一个 6 岁。他报名参加了当地一所州立大学的研究生课程。在那里，他不仅是一名模范学生，还成长为一个备受欢迎的校园领袖和校园电台的音乐节目主持人。学习两年后，他觉得他已经为自己的实习——到一所公立学校讲授 7 年级地理课——做好了充分准备。该学校的学制为从幼儿园到 12 年级。学校位于一个很小的（人口约为 3700 人）乡村小镇上，小镇的社会经济程度中等，人口和学生全部是白人。

戴夫的问题

有指导教师在教室里协助戴夫并会在必要时为他提供建议，戴夫非常平静地度过了实习期的前两个星期。可是，很多时候，戴夫反映说：一旦指导教师间或地离开教室，事情很快就变得糟糕起来。学生的行为开始失控，对戴夫和其他同学表现出一些无礼的行为。当戴夫提问的时候，有人不耐烦地大声喊叫着回答，其他人则对提问漠不关心；有的存心干扰别人；有的出言不逊。戴夫感到对整个课堂完全失去了控制。当我要去戴夫的课堂听课时，他在前一个晚上打电话提醒我：在他班上的都是些“可怕的孩子”，他所有的努力都不见任何成效。他还两次提醒我：“您等着瞧吧！他们是多么的可怕！”

我的出现并没有引起学生课堂行为的任何变化。不过，刚开始上课的几分钟里，我很快就明白了问题所在。这里并没有什么“可怕的孩子”，他们是正常的十二三岁的孩子。那么，究竟是戴夫做了哪些或是没有做到哪些，从而导致抑或是激发了他们的不端行为并造成了一派混乱呢？

那堂课

当时，学生正在学习地球水循环，刚一上课，戴夫问：“每个人都完成家庭作业了吗？”我听到有两三个学生回答“是的”，而其余的学生则默不作声。

“很好！”戴夫宣布，“把作业拿出来，在回顾这些问题时，请大家对照检查一下自己的作业。”于是，在一阵吱吱嘎嘎和沙沙声中，学生从背包里掏出作业，并在课桌上将作业拍平。

自以为一切就绪后，戴夫继续上课，他展开一张本州的雨量图，并迅速地抛出一个问题：“本州哪个地区的降雨量最大？”有几个学生大声说出了答案。“太棒了！”戴夫说。他又指着地图上的一个特定位置，随即抛出另一个问题：“这个地区的降雨量是多少呢？”还是那几个学生大声说出了答案。戴夫再次表扬了他们。他很快地抛出后面的一连串问题（“哪个地区的降雨量最小”、“为什么会存在这种差异”、“大山是怎样影响降雨量的呢”），每次都从同一批学生那里得到相同的答案，然后他又同样敷衍性地给予他们一些表面上的赞扬。

后面的课堂情况又如何呢?

在后来课堂上发生的情景同他前一天晚上给我描述的一模一样。没有参与回答戴夫提问的学生开始表现出一些不端行为，或是开始走神。有两个学生把脑袋枕在桌子上，另外两个学生开始互相戳逗，还有三四个学生像玩碰碰车一样滑动他们的桌椅，还有的学生故意让笔掉到地上。即使那些没有做出分散注意力行为的学生，他们的注意力也根本没在课堂上。在提问的过程中，戴夫也曾批评这些不端行为，甚至不得不将一名学生送到校长办公室。但是整体看来，对于学生的这些不端行为，他似乎束手无策。

在分析戴夫的困境、引起课堂混乱的原因以及给出补救措施之前，我们需要首先分析一下教师经常向学生提出的各种问题。

教师提问问题的类型

教师会出于不同的原因向学生提出问题：一个可能是检测学生对于重点内容的掌握程度；另一个可能是检测学生对于概念和课程进度的理解程度；还有一个就是要引导学生思考和解决问题。教师往往会向学生提出以下四种类型的问题：

类型 1

为了寻求和期望获得“是”或“否”的答案。例如：

- 波士顿是马萨诸塞州的首府吗？
- 油比水重吗？
- 今天是星期二吗？
- 《不可儿戏》（*The Importance of Being Earnest*）是莎士比亚的作品吗？

类型 2

“谁干的……”和“谁是……”之类的问题，答案往往非常简短，甚至只用一个词即可作答。例如：

- 谁是哈利·波特？
- 美国总统是谁？
- 欧洲的哪个国家会有一段被称为“白夜”的时期？
- 谁发现了小儿麻痹症的治疗方法？

类型 3

“是什么”和“在哪里”之类的问题，和第二种类型的问题相类似，这类问题的答案也很简短，甚至是一个词的答案。例如下面几个问题：

- 伊利诺伊州的首府叫什么？
- 尼罗河位于哪里？
- 2+7 等于多少？
- 人们在美国的哪些地方可以看到秃鹰？

类型 4

“为什么”和“怎么样”的问题，这类问题寻求并鼓励推理、批判性思维和开展调查。例如下面几个问题：

- 为什么叶子会变色？
- 如何才能使 2 加 2 不等于 4？
- 为什么北方会赢得南北战争？
- 海洋为什么是蓝色的？
- 你是怎么想到这个答案的？

教师提问问题的水平

教师提问的问题除了可以分为上述四种不同的类型外，还可以分为两个不同的水平。

低水平的问题

第 1、2、3 种类型的问题是较低水平的问题。低水平的问题往往不能或是很少能引发思考或理解。相反，它们：

1. 鼓励，实际上是迫使学生寻找“正确”答案，并且在实质上教师也断定一定存在着正确答案。
2. 往往要求学生死记硬背。
3. 导致学生依赖教师——不仅依赖教师对答案进行确认，也期望教师给予表扬。

低水平的问题往往会导致学生尽力去取悦教师，而不是去独立思考和深入思考。

高水平的问题

第 4 种类型的问题，如“你是怎么想到这个答案的”，可以导致更高层次的思考，并且要求学生用某种方式去查找、使用、联系、分析和解释有关信息。如果要使学生成为延续民主型生活方式的思想家和创造者，这种类型的问题就很必要了。然而，第 4 种类型的问题也有与其他各类问题相同的弊端，那就是：很多教师使用第 4 种类型问题的方式是鼓励或要求学生依赖教师最终的“正确”答案。

尽管本部分的目的在于解决当教师提问时该如何管理课堂的问题。但是，使用悬空的和匿名的问题并非课堂管理的可行之法。悬空的和匿名的问题——无论它们是哪种类型的，也不管它们是低水平的还是高水平的——只会导致学生大喊大叫、分心、烦躁、注意力缺失、混乱、走神和学无所获。

什么是悬空的问题，戴夫做错了什么？

尽管戴夫使用了各种不同类型和水平的问题，但糟糕的是他的这些问题要么是悬空的，要么是匿名的。提出悬空的问题时，教师没有指向在场的任何人。教师提出问题之后，如同戴夫那样（如“哪个地区的降雨量最少”），问题就悬浮在空中，等待着某个人来做出回答，这也正是问题所在。学生的确对问题做出了回答。他们的回答毫无秩序意识，也没有表现出对他人的尊重。他们认为只要大声地喊出自己的答案就够了。他们为什么会这样做呢？因为他们没有得到来自教师的任何指导。教师只不过是提出了一个没有任何说明的问题，其结果经常是仅仅获得少数学生做出的混乱、分散和大声的回答。

一头雾水的学生

糟糕的不仅仅是学生们高喊着回答问题，教师还常常从学生的高喊声中听到“正确”答案，便会紧紧抓住这个答案（没有对这个答案进行必要的重复），赶忙对学生加以表扬，并继续讲课。可是，大多数学生还没搞明白在所有喊出的答案中究竟哪一个才是正确的。学生毕竟还不具备教师那样的分辨能力。因为其他学生通常坐在那些喊出答案的同学后面或是两边，甚至听不到他们的回答；而教师总是面对着学生，所以能听清他们喊出的答案。如果其他学生听不到，他们就不会、也不能被吸引。

更糟的后果

学生在课堂上的喊叫引发的课堂管理问题远不止导致学生在课堂上无法听讲这么简单，还有更糟糕的。下面便是由此引发的课堂动态：

1. 总是相同的四五个学生声音最大、反应最快、最争强好胜，总是由他们喊出问题的答案。
2. 那些比较安静和不够自信的学生不能迅速找出答案，于是退却，产生了被抛弃感，要么不再尝试回答问题，要么干脆在课堂上什么也不做。
3. 没有回答问题的学生不但依然不清楚答案是什么，而且由于胆子太小或是根本没兴趣，他们也不会去询问答案究竟是什么。
4. 更糟糕的是，教师实际上只是在给四五个学生上课，只有这几个学生才是教师关注的对象，原因就在于只有这几个学生才能让教师感到安全，或者说教师根本就不清楚自己的这种做法意味着什么。

5. 这四五个学生很快就意识到，他们不仅操纵了整个课堂，而且连教师也掌控住了，他们已经握有权力了。于是，课堂的情形每况愈下。
6. 有些教师可能会意识到在这种情形下学生之间的不平等状况，但却不知道该怎么办。于是，课堂的情形每况愈下。
7. 有些教师可能会过分关注少数的那几个学生，会因为他们回答出了“正确”答案而十分高兴，以至于忽视了大多数学生没能参与到课堂中来的问题，也忽略了课堂上的其他不当行为。于是，课堂的情形每况愈下。
8. 有些教师意识到只有少数学生参与回答问题，但却害怕即使叫其他学生回答问题，他们也会一无所知，或者他们会用不敬的方式做出回答，反倒会使课堂愈发混乱。于是，课堂的情形每况愈下。
9. 有些教师认为课堂被一帮“可怕的孩子”毁掉了；也就是说，有些孩子不关心课堂上的事情，有些孩子不停地挑逗或者干扰其他人，还有些孩子根本不参与课堂活动。

实际上，教师不仅要对上述情形负责，而且是教师的行为导致上述种种情形的发生并使这种状态一直持续下去，进而导致任何实质意义上的学习或者归属感都被扰乱了和阻止掉了。

你能做些什么？

为了避免或者弥补这种破坏性的情形，你需要在班上解释一下：从今以后你将采用新的课堂策略。你会叫某个学生的名字来让他回答问题，而且只由他来做出回答。你还可以尝试其他的办法，如让学生们举手，然后你再叫一个学生做出回答。

举手的问题

不过，举手也会出现问题。几乎总是那些喊得快、急切且当仁不让的学生先举手。有些学生甚至会一边摇动手臂一边大喊："哦，哦，哦！"于是，不仅实习教师和新任教师，连资深教师也会响应那些先行举手的学生，结果呢，回答问题的权利又会落入少数人的手中，其他学生的积极参与就会减少，课堂的种种干扰现象也会再次上演。

有些教师确实学会了等待更多的学生举手，但是从长远看，对那些自信心不足和反应不够快的学生来说，看到别人举手会跟有人大喊着回答问题一样令他们不安。资深教师在经过长期的实践之后才能既让举手快的学生在不削减兴致的情况下很快平静下来，又让没有举手的学生也平等地参与进来。如果你要求学生举手回答问题，却叫没举手的学生回答，即使你的目的是让更多学生参与进来，学生也会非常困惑你为什么起初提出要他们举手作答。

如果你的课堂已经处于混乱状态，这个过程只会使学生更为迷惑。坚持叫学生的名字，直到你重新掌控课堂，直到你觉得稳妥，学生也都感到安全了。如果你是位新上任的教师或者刚刚开始实习，或者是新学年才刚刚开始，叫学生的名字会使课堂上所有人——你和学生们——产生一种秩序感。一旦学生已经成为坚定的、积极互动和高度参与的学习者，你就可以尝试其他的办法了。

一种更好的方式

是否有一种更好的方式，既能让教师提出问题，又能营造安全的和让学生全身心参与的课堂气氛呢？这就是：

1. 要求学生在纸上或白板上写下自己对问题的答案（年龄很小的孩子可以画出自己的答案）。
2. 在恰当的时间提问。
3. 提问时要叫出学生的名字。

向学生解释说你将这样做。这个过程可以让所有的学生有时间思考，而不是把领导权交于班上那四五个反应最快和声音最响亮的学生之手。

让学生结对子学习使他们在回答问题时更有自信（在有些课堂上，实行结对子学习会比在别的课堂上困难一些。如果这个办法在你的课堂上无法使用，那就坚持让学生把答案写下来，然后再叫每个人都来回答问题）。和同学共同解决问题会使学生在回答问题时感觉自己不是那么脆弱。学生结对子学习的另一个好处是它能鼓励生生互动的进一步发展，使课堂联系得以产生和加强。

教师提问时的一种惯常做法

很多教师在提问时有一种惯常的做法，即在提问之后而不是之前叫出学生的名字。其理由是：如果你一开始就叫了某个学生的名字，其他学生就会处于观望状态，或是走神。不要在意这一点。如果你先提出问题，再叫出某个学生的名字，或许你已经出手晚了。那些争强好胜、反应敏捷的学生会在你叫出这个学生的名字之前已经喊出自己的答案。所以，要先叫出某个学生的名字，但在此之前，你要事先告诉所有学生，你将会叫起一个以上的学生来回答问题。这样一来，就会把所有学生的注意力集中过来。当你叫起第二个学生时，你可以用下面的说法："扎克，对于这个问题，你会如何回答呢？"或者"米歇尔，对于这个答案你还有什么补充吗？"这种做法提高了学生的注意力，也使学生可以听到两个或许不同的答案，从而引发讨论和更深层次的学习。

采用这些策略的好处

这些策略不仅能阻止课堂混乱，还能让每个学生都平等地参与其中；它们让你对课堂处于掌控状态；它们允许那些需要更长时间思考的学生来得及加工处理问题，并做出回答，在这段时间里他们不会感到自己反应慢、能力不足或是不及他人；它们还能迫使反应快的学生花更多的时间去思考。这样一来，每个人都是赢家，每个人都会积极参与并成为课堂中有价值的一部分。

什么是匿名的问题？

在课堂上使用匿名的问题（戴夫也使用了很多这样的问题）与使用悬空的问题导致的后果完全相同：极少数学生高喊出问题的答案，并控制课堂；其他学生则被课堂抛弃，他们毫无安全感和信任感；学生不再集中注意力；有些学生觉得自己被忽略了，并索性开始捣乱；课堂处于混乱状态；缺乏学习积极性。下面的问题听起来便是一些匿名的问题：

问题1．“谁能告诉我弗吉尼亚州的首府在哪里？”

问题2．“每个人都准备好了吗？”（这是戴夫提出的关于家庭作业的问题）

问题3．“有人知道为什么叶子会变色吗？”

问题4．“有人可以解释一下法国大革命爆发的原因吗？”

问题5．“你们都明白要求了吗？”

问题6．“有人能定义一下匿名的和悬空的问题吗？”

这些问题有什么不对？

所有学生都被匿名了。在你的课堂上，没有人知道你在跟谁说话。他们应该做出回答还是不该做出回答呢？他们不知道他们该怎么办。在你的班上，没有人的名字叫做“谁”、“每个人”、“有人”或“你们”。学生需要你给他们更多的指导。和使用悬空的问题一样，使用匿名代词必然会导致课堂的混乱、松散和无序。

教师怎样才能解决这个问题？

问题1、3和4

与教师应该使用学生的名字来避免悬空的问题所导致的后果一样，他们应该叫出学生的名字，而不是使用匿名性代词。你可以通过使用学生的名字来改变上述的问题1、3和4：

问题1．“雪莉，你能告诉我弗吉尼亚州的首府在哪里吗？”

问题3．“约翰，请给同学们解释一下为什么叶子会变色。”

问题4．“库舍克，请你说出法国大革命爆发的主要原因之一。”

当叫起某个学生回答问题时，为了避免被其他学生无故打断，你要提醒学生你会叫起一个以上的学生来回答该问题或者对已有的答案进行补充，并向他们解释这样做的理由。

问题2

问题2（“每个人都准备好了吗”）不仅是一个匿名的问题，而且没向你提供任何有用的信息。它会引起你和学生之间的误会。当学生开始执行某个任务时，问题就会迅速暴露出来：面对你的提问，他们却还没有做好准备，或者还不清楚问题的要求，这会直接引发课堂混乱。往往，少数几个学生点头或者高声回答“是的”，就会让你误认为“每个人”都准备好了。当戴夫听到那两三个学生对他的提问——“每个人都完成家庭作业了吗”——回答“是”的时候，他就误认为所有学生都已经完成了家庭作业，并做好了回答问题的准备。

其实，这是一个错误的假设。并不是所有学生都已经完成了家庭作业。当你提出诸如“每个人都准备好了吗”、“每个人都完成家庭作业了吗”这样的问题时，没有一个学生知道该如何回答。有些人可能会大声喊“是的”，其他人却会默不作声。你在听到“是的”之后又会继续讲课。于是，灾难随即而至，你却搞不清原因何在。为了确保学生已经做好准备，或是所有学生都已经完成家庭作业，你必须检查每一个学生的家庭作业。在戴夫的案例中，他应该在上课之前就完成对每个学生家庭作业的检查。

问题 5

同问题 2 一样，“你们都明白要求了吗”是一个匿名的问题。它没有提供任何有用的信息，并致使学生茫然不知所措进而引起课堂混乱。在让学生开始一项任务之前，教师首先要确认学生已经明白任务的各项要求，这一点是非常重要的。如果没有确认每个学生都已经做好准备，并理解了任务要求，在整堂课上或是某个时段，当学生不得不停下来询问，或是你不得不再次对你本以为已经很清楚的某些内容给予解释的时候，必然导致课堂教学中断和课堂混乱。少数几个学生回答“是的”并不意味着所有学生都理解问题的要求或指令。本书第 4 步将解释该怎么做才能确保在开始某个特定任务之前，学生就已经做好准备并且理解了该任务的要求。

在我们继续前进之前，先来看看戴夫那边怎么样了。

戴夫的情况好转了吗？

我向戴夫指出，他缺乏对学生的指导，是他的那些悬空的问题和匿名的问题引发或激起了学生的不端行为，但戴夫根本不买我的账。他声称自己从来没听说过什么悬空的问题和匿名的问题之类的说法。这也难怪，因为文献中确实不存在这样的术语。好吧，那么它们现在存在了。我在对同类现象和问题进行多年的观察和研究之后，提出了这两个术语。正如许多实习教师一样，戴夫认为如果他点出学生的名字提问，学生就会认为他是在找他们的茬儿，也会限制学生的自由和个性发展（如果老师不解释自己点学生名字的目的和理由，学生的确会觉得老师是在跟他过不去。让学生结对子学习就能消除这个问题）。戴夫认为，让学生自己决定什么时候或者是否要回答老师的提问，这样做会让学生受益更多，会给学生更多的自由。

戴夫的课堂实验

不过，戴夫还是同意来做一次实验。在接下来的一周里，戴夫继续在课堂上沿用以往的做法，并把每天的课堂情况进行录像。在那一周结束之际，我们一起观看了录像带。除了课堂情况更为糟糕之外，其他一切几乎照旧。戴夫注意到录像带中的自己看起来精疲力竭。

在接下来的又一个星期里，戴夫再次同意每天对自己的课堂进行录像，但是这一次他愿意尝试做些改变。他将尽量避免提出悬空的和匿名的问题；他将让学生结对子学习，还让学生把答案写下来；在提出每一个问题之前，他将先叫出某个学生的名字；他将要求两个以上的学生来就同一问题做出回答。他还同意就自己接下来将会怎么做和为什么要做出这些改变向学生做出解释。

课堂实验结果

周末的时候，戴夫和我见面了，他不得不承认觉得自己比以往有了更多的安全感和控制力；他还感觉到学生在课堂上的参与更多也更加投入了，而且行为表现也比以前更好了。然后，我们一起回放录像带。对于这个结果，我并不感到惊奇。戴夫对此却大为震惊。他惊讶于自己的课堂所发生的巨大变化。他不得不承认：这些改变非常有效，全面改善了课堂状况——学生的注意力、学习、行为表现、对他人的尊重以及自己的自信，都有了很大的改进和提高。这一周下来，学生不再是“可怕的孩子”，戴夫看起来也没有那么疲惫了。

戴夫努力提高自己提问题的水平，并对所提问题予以说明，从而维持课堂的安全感和秩序性，鼓励学生积极投入、积极参与。学生开始尊重他，他的信心也开始不断增长。他的实习非常成功。一年后，戴夫成为了一名另一所学校的教师，两年后，他成了那所学校新任教师的指导教师。

小结：第 2 步

1. 避免悬空的问题（悬在空中的问题）。

2. 避免匿名的问题（使用匿名代词的问题，如“任何人”、“有人”、“每个人”、“全部”、“谁”等）。

3. 先向学生说明你至少会叫两名同学来回答问题，然后叫出第一个学生的名字并提问。再叫出第二个学生的名字，并要求他对前一个学生的回答进行补充或说明。

给学生留出适当的时间写下问题的答案（如果学生年龄太小，就让他们把答案画出来），然后再指定某个学生说出自己的答案或展示其写出（画出）的答案。

下一步是什么？

第3步关注教师的课堂用语，并且分析了课堂用语对于课堂管理的重要性。另外，该步不仅展示了不必要的口头禅和不够专业的教师用语如何导致混乱和干扰，而且展示了文明的和积极的教师课堂用语如何能帮助形成安全、有序、安静和互相尊重的课堂环境。这也许是6步法中最简单的一步，但却会对学生课堂上的行为表现和文明习惯的养成产生巨大的影响。

第 3 步

明智地选择和使用课堂用语

玛丽亚

背景

当玛丽亚所在的州要求 5 到 8 年级的所有授课教师都要持有新的中学教师资格证的时候，她已经从事语言艺术教学大约 20 年了。尽管玛丽亚已经持有适用于 7 到 12 年级的中学教师资格证，而且当时她正在教授，也已经多次教授过 8 年级学生的课程，但是她仍被要求获取新的中学教师资格证，否则，她将失去自己的岗位。

包括玛丽亚在内的学校的 36 名教师参加了中学课程与教学课（一门州设必修课）的学习，而我是这门课的主讲老师。作为这门课的一部分，教师要执行一系列新的学习计划以达到新的教师资格要求，这些计划更注重以学生为中心的学习过程，而非以教师为中心的教学过程。

学校

玛丽亚从教的那所中学，坐落在该州一个社会经济状况处于上游的小城市的郊区（人口约为 3600 人），学校向来以思想进步而闻名。学校的学生 98% 是白人，2% 是亚洲人和美洲印第安人。学校建于 19 世纪 60 年代，表现出当年流行的开放型教室建筑风格。所有的教室面向环状的主走廊开放，同时面向走廊之外的中央图书馆开放。每个教室都不超过三面墙壁。从课堂管理的角度讲，当来自所有教室、走廊和图书馆的声音，像飘忽不定的飞碟在一起盘旋回响时，学校的这种结构简直就像一个噩梦。坐在教室后部学生的注意力就会不可避免地被走廊和图书馆里发生的事情所分散。此时，只有非常精明强干的教师创设出非常有吸引力的课堂，才能集中学生的注意力。

玛丽亚的目标

在新教师资格认证期间，玛丽亚的目标是改变自己的教学方式——从教师站立授课方式改为使用詹姆斯·贝恩提出的让学生们参与开发和实施课程的方式。我先观察了她用惯常的模式授课的课堂，以便能为她新的尝试找到一个合适的起点。为了复习写作和语法这一章，玛丽亚把报纸上的短篇报道悬挂在白板的顶端，然后用手指着并提问每篇报道中的语法问题。她使用学生的名字叫起学生，让所有的学生都参与其中，并且避免了所有悬空的和匿名的问题。这些都是她的长处。

问题

“这个句子，嗯，有点，嗯，像上一个句子。扎克，嗯，你知道，嗯，这是为什么吗？”

“下一段，嗯，有，嗯，两处，嗯，错误。莎拉，它们是，嗯，什么？”

学生很快就松懈下来，开始走神了。“孩子们，接着听讲啊！”当玛丽亚发现和感觉到他们的兴趣开始下降的时候，她发出了命令。“这里的确很重要，不是吗？”

在语法课上，要吸引学生，本身就不是一件容易的事情。但是，玛丽亚使学生愈发难以专心听讲。因为她使用的一些口头禅，分割了她的思绪和句子，并且使她本来就很慢的节奏愈发缓慢。观察和听玛丽亚讲课的时候，让我感到震惊的是，连我自己都实在难以聚焦于她的讲授内容，更别提那些8年级的学生了。

打哈欠及其他

玛丽亚一如既往地继续讲课，使用多个口头禅，并在学生走神时不断地重复道：“孩子们，接着听讲啊！”大多数学生并没有公然捣乱，只是看上去一副厌倦和神情不专一的样子；有些人在打哈欠。然而，有三名男生还是互相说起话来。后来，每当玛丽亚的视线离开他们的时候，他们就开始发出声音并相互挑逗。因为违纪，玛丽亚让他们留校整整一个下午。实际上，我倒觉得他们说话和挪动位置是一个很好的信号，因为玛丽亚的语言很容易让人迷糊，继续下去会更糟糕。那么，玛丽亚必须做些什么、能够做些什么才能使课堂恢复生机呢？

词语的意义是什么？

一个词语有什么意义呢？对于这个问题的讨论在有关课堂管理的研究和文献中记载得并不太多。有些研究和文献中提到在多元文化背景下，了解流行于学生中间的俚语的重要性，以便让你看起来不像是会被他们吓倒；还有些研究和文献中涉及到如何处理学生们在课堂上的诸如咒骂之类的不当语言行为。也许还能找到一些关于教师使用羞辱性的语言给学生造成消极影响的文章和研究。

但是，本步是讲你的课堂用语是怎样影响你的课堂环境，课堂环境反过来又是怎样作用于学生的课堂行为的。课堂用语的确关系到课堂管理，本步内容的前半部分集中解释非专业的、拖泥带水的、乏味和单调的、不必要的教师课堂用语，以及它对学生的行为和投入度带来的消极影响。

使用严密而又专业的课堂用语的重要性

乔治·奥韦尔

乔治·奥韦尔认为，准确的语言表述有助于人们清晰地思维：

“……模糊的语言容易使人产生愚蠢的想法……现代英语，尤其是书面英语中充斥着由于模仿而招致的坏习惯。但是，如果不吝麻烦的话，这些坏习惯都可以被避免掉。如果能够摆脱这些习惯，思维就可以更为清晰……这样的话，针对坏习惯的战斗将不再是轻举妄动，也不再是专业作家所独自忧心忡忡的事情了。”

拖泥带水的语言

乔治·奥韦尔的观点可能对，也可能不对。但是，通过监控数百名职前教师在教学法课上的授课情况，观看实习教师的1500多部录像，以及同500多名在职教师的共事，我发现，很显然，使用拖泥带水和非专业的教师语言现象不仅很普遍，而且还会招致各种各样的麻烦。

什么是口头禅？

你，噢，是否曾经努力地，噢，想听明白，噢，那个，噢，不停地使用，噢，口头禅的人在讲什么？不必要的、没有含义的，而且还打断句子或讲话的词就是口头禅。口头禅有很多种，最常见的就是“噢”和玛丽亚所偏爱的“嗯”，还有许多其他的口头禅。以下是一些常见的例子：

1. “计划的，好吧，第一步，好吧，将是开展研究，好吧，然后呢，好吧，我们将回到教室里来，好吧？”

正是因为一个词被过多地使用而本身又毫无含义，所以使其成为口头禅。我经常听到实习教师和新任教师每做一次呼吸就要使用一次口头禅。对他们的学生而言，这是一种明显的信号——表明他们焦虑、胆怯、疲惫、不够自信、态度漠然，或者还没有做好准备。

2. “明天，也许，我们，也许，要去趟实习基地。如果有时间，也许，我们会，也许，在今天复习一下所有要实习的内容。”

在这个句子中，“也许”一词只表明一个事实：教师没有将关注点放在自己的思路和措辞上。

3. “拿破仑，对吧，必须考虑他所有的选择，对吧？”

4. “我们要做，对吧，关于火山的，对吧，研究，对吧？”

5. “在恰当的地方使用分号，对吧，很重要，对吧？”

你明白了吧。我不能确定会不会有教师在书写时使用口头禅。那么，为什么同一个教师会在说话时使用口头禅呢？

使用口头禅会出现什么情况？

让人厌倦或更糟糕的后果

像玛丽亚使用的那些口头禅，不仅会打断讲话和思路，还会使学生感到无聊——这才是你最不想看到的事情。它会给不良行为创造绝佳的发生环境。不过，被口头禅打断和装饰的语言让人感到单调无聊，而且正向学生传递了如下的信息：你并不是真正对自己所讲的事情感兴趣，并不真正知道自己在做些什么，你缺乏活力，或者你并不十分在意学生是否应该付出更多的努力。

镜像

你的活力、兴趣、激情等都会通过你的学生反馈出来。如果你厌烦了，或者你并不在乎自己在做什么或教什么，或者你对自己所做的事情缺乏活力和激情，那么，对于这一切，学生会用他们的行为向你做出回馈。枯燥的、缺乏兴趣和活力的课堂是不会产生有效学习的；它不过是滋生混乱和破坏的土壤罢了。口头禅会使讲话的速度大打折扣，随后又会影响到课堂的活力和节奏，导致学生注意力缺失，并且把精力投入没有成效的和干扰性的活动中。

非专业化的课堂用语

除了根除口头禅之外，玛丽亚还需要做出其他一些改变。在教师中还存在一个很普遍的问题——使用非专业化的课堂用语。它削弱了教师在课堂的领导地位，也使其职责所在——确保所有学生有一个安全和无干扰的课堂——变得含糊不清。在众多教师的非专业化的课堂用语中，有一个词语就像做卷发（或者也可以用将头发拉直来做例子）一样流行。这个词语像是一个毫无伤害的词语，它被使用在任何地方——朋友聚会、家庭、单位、会议、电视和电影中。玛丽亚也经常使用该词语。你能猜出这是哪个词语吗？

一个小测验

以下各问题中都有一个空缺的词语：

1. 请你________加入团队并按你昨天的计划继续工作，好吗？
2. 早上好，________。你________今天要学习怎样准备科学实验。
3. 好的，________，你还有15分钟来完成这个问题。
4. ________，请准备到教室前面来说。
5. 你________完成了一件了不起的工作。

测验的答案

空缺的词语是什么呢？……实际上，在那些空白处并没有缺失词语，或是没必要填充词语。去掉这些空白，这些句子完整、直接而且清晰。这就是你要牢牢记住的：空白处并没有缺失词语，或者根本就没必要填充词语。你可能认为，无论是从英语语言结构还是从课堂管理及其专业化规则来说，这都根本算不上什么大事，这个词语的作用不过是使原本相互尊重、专业化的师生关系变得过分亲密和界限模糊罢了。

也许你还会认为，与学生情同密友式的交往会使你更受学生的喜爱。其实不然。数百份学生评教表的统计结果表明，学生需要、想要和期待的是一个能引导他们且能确保课堂安全和没有干扰的教师。你并不是他们的同伴，他们也不想让你成为他们的同伴。你是他们的领导者。但是，如果你的言谈举止不像一个领导者，学生也不会把你像领导者一样对待；教师端庄得体的形象也就会受到损害。再者，如果没有强大和有效的领导者，学生就会感到缺少安全感，并会更加故意地做出捣乱行为来吸引教师的注意。

“嗨，伙计（guys），你们想出来了吗？”伙计！这个词语就是“伙计”，如果你感到愧疚的话，就尽量不要在你通常使用“伙计”的地方再使用其他任何词语了。没有任何语境可以使这个词语变得既专业又有必要。如果你仍然觉得绝对有必要在那些空白处填入某些词语的话，你可以使用其他既专业又能让学生产生不同反应的词语。教师推荐用语是：“同学们”、“诸位”和“先生们、女士们”，这些词语虽然看似过时，但却能产生积极的、改变学生行为的效果。教学就是一个不断尝试和不断修正错误的过程。尝试这些推荐用语并不会让你失去什么。放弃使用“伙计”一词，除了词语“伙计”以外，不会让你失去其他任何东西，而使用更为专业化的课堂用语，却会让你大有收获。

玛丽亚的转型

玛丽亚很有勇气和合作精神，她同意对自己后面几天的课堂情况进行录像。当回看录像时，玛丽亚为自己的语言弱势和不够连贯而震惊，她承认，如果自己作为该课堂的一名学生，也会感到厌烦。

在启动新的教学方法之前，玛丽亚必须先加快说话的节奏，删掉口头禅，用更专业的语言代替“伙计，接着听讲啊”。把这些不良行为和用语带到新教学计划中去没有任何意义，它们只会削弱新教学计划的成效性。

玛丽亚并不确信这种改变是否会奏效，但她还是决定通过学生的介入来帮助她改变讲话方式，作为对中学教学倡导的以学习者为中心的一个响应。每当她使用口头禅或者“伙计”、“接着听啊”的时候，学生就会举起尺子来提醒她。这变得像一种游戏，不仅很成功，而且表明当学生在课堂上有了发言权，他们会是多么投入。到周末的时候，玛丽亚的课堂用语、说话节奏和学生的注意力都有了很大进步。

结果

实施新的教学计划以后，玛丽亚继续在课堂用语上下工夫。学生在课堂设计和实践中扮演的角色也越来越重要，在课堂上尽量避免使用口头禅和非专业用语也成了他们学习的一部分。专业用语的使用使每个人在注意力、学习、课堂节奏、降低厌烦感等方面都受益匪浅，如果乔治·奥韦尔的说法是对的，那么连思维模式都得到了改进。

语言的另一面

现在，我们已经检查了在教学中应该去掉的一些用语，让我们再关注一下第3步的其他方面——怎样在课堂交流和活动中嵌入和教授礼貌用语，怎样改变课堂动态，形成一个安全、有礼貌、有序和无干扰的，使学习更富成效的课堂环境。我们来看一下下面的情景。

特里

背景

特里是第一年在一所中学教5年级的数学课，学校位于一个大约有30万人口的多民族和多种族的城市里。学校用来欢迎学生、教师和来访者的是挂在每个大门外的一个约有两张明信片大小的告示牌，上面写着：

> 任何人被发现携枪入校，将被停课一周。

这是一所老学校了，20年前，学校所在的地区是这个城市里安全和社会经济状况都比较好的区域，如今却成为一个因高犯罪率而臭名远扬的地区。由于以前发生的问题，学校只留下一个男生浴室和一个女生浴室，其他都上了锁。教师轮流坐在浴室门口检查出入的学生。走廊里很吵闹，各班平均

35 人。

问题

特里很快就领教到在这所学校教书有多么不容易，尤其是教那些很少讲或不讲英语的学生。这个城市的移民和他班里的新生都来自俄罗斯和巴基斯坦，其英语知识从零到中等水平不等。好在数字是通用的，特里可以成功地向大多数学生演示清楚数学运算。但是，当他要克服语言困难，要在一个不讲礼貌和存在多种文化标准的环境中努力完成教学工作的时候，他还是感到不知所措。有些学生似乎还不懂得该如何在课堂上表现或是如何与人相处。有些学生离开座位，随心所欲地到想去的地方；有些学生很难专心地做任何事情；有些学生用某种语言中的消极腔调回答问题。对这些，特里该怎么办，他又能怎么办呢？

达娜厄

背景

达娜厄，一名实习教师，将要到一所很出色的中学用西班牙语讲授大学预科（AP）课程，学校在一个富庶的小镇上，旁边是一所名牌大学。当得知这一切的时候，她感到非常高兴。她认为学生会非常专注于学业，而不会给她制造麻烦。

这是一所大约有 400 名学生的小型高中——白人约占 85%，亚洲人和印第安人占 14%，其余 1% 是黑人和拉丁美洲人。这所学校的师生都认为自己学校的学术水平很高，他们甚至无比骄傲地宣称本校没有足球队，就好像有了足球队就会影响学校的学术成就和声誉一样。

问题

尽管大多数学生在大学预科课堂上很专心，但还是有两个男生频频搞怪地打断她和干扰其他学生的注意力。他们要么说话，要么互传纸条，要么低声窃笑其他学生或者达娜厄的话。出现这种情况，达娜厄感到有些诧异。因为在实习之前，达娜厄曾经以为这么好的学校里的大学预科生是不会打断她的课堂的，大学预科生从来都不会扰乱课堂。

当她对那两名男生的担心达到最高值时，她的实习时间已经只剩下三个星期了。她曾经尝试用几种方法来解决问题，包括调换座位（几乎没用，因为这种做法不能解决根本问题）、课前与这两名学生谈话、课间与这两名学生谈话、给他们留校处分、以送校长办公室来吓唬他们。她所有的这些言行都遭到了这两个学生的背后窃笑、更多的干扰和故意捣乱。他们明明知道这样做会使她不安，但还是这样做，并将这种做法视为一种游戏。达娜厄感觉自己很失败，但又不明白他们为什么不“喜欢”自己。课后，她常常为此流泪。一想到每天都要走进课堂，她就变得浑身不舒服。达娜厄该怎么办呢？

在课堂上使用文明用语

课堂管理的基本步骤的确很简单。可是，如果你不了解这些步骤、不应用这些步骤的话，情况可就没那么简单了。你会让自己的辛苦努力大打折扣，课堂的混乱还会使你筋疲力尽、哭喊、躲藏在教师休息室、呕吐（如同达娜厄一样）、甚至故意缺课。

鉴于学生们想要和需要拥有一个安全的课堂环境，而且会对这种课堂环境做出积极的反应，因此，我们就需要创设一个安全的课堂环境。在课堂上利用语言创设这种安全环境的一种最简单的方法就是通过你自己的言行来教授学生如何形成文明行为——正如同玛丽亚要利用更好的言语模式来教授学生使用规范用语一样。

五个重要的词语

有三个词语对于创造一个文明环境至关重要，应该经常挂在你的嘴边。这三个词语就是合作、感激和恰当的。如果你能把它们与“谢谢”和“请”结合使用的话，学生就很少会做出捣乱行为了。你很尊敬地跟他们讲话，他们才更有可能学会尊重。

例子

尝试一下下面的例子，尽量用一种平静和沉着的语气：

1. “同学们，我们先来回顾一下昨天的问题。我很感激你们能全神贯注地听讲。谢谢你们。”
2. “在我们去图书馆之前，请把论文收起来。我很感激大家的合作。谢谢你们。”
3. “琳达，我需要你的合作，请……（然后稍稍延迟一下）谢谢你。”
4. “朱丽叶，如果你能关注一下山姆，我会感激你的……（稍稍延迟一下）谢谢你。”
5. “艾丽娅，请使用恰当的语言，请专心学习……谢谢你；

我很感激你能这么做。”

只要经常练习和留意使用这些词语直到运用自如，你会发现，让你的课堂变得文明规范其实就是如此简单。因为并非所有的学生都有在课堂上使用这些词语的经历（尤其是少数民族学生和弱势学生更是如此），所以，对自己课堂上的用语做出解释是非常重要的。

可是，特里和达娜厄有什么共同点呢？它和课堂用语和文明有什么联系？他们又该如何改进他们的课堂呢？

特里和达娜厄面对的共同问题

特里和达娜厄面对的是截然不同的课堂，在不同地区、完全不同的学校。然而，他们有一件事情是相同的：他们的学生需要学会一种通用的语言和礼貌的举止。

特里

特里被折磨得手足无措。因为他既要解决语言障碍问题，又要对付那些干扰别人、行为不端、不参与课堂活动、粗鲁、对其他同学和自己不尊重的学生。他必须从基础做起。没有根基，没有学生对基本礼貌行为的理解，他的努力就不会有任何进展。他学习的教师培训课程并没能让他在这方面有任何准备。

特里的大部分学生，包括那些讲英语的学生，几乎都没有使用“谢谢”和“请”这些词语的经历，所以，他的数学课就不得不先从一堂语言课开始。他让卡奇纳——给英语是第二语言的学生讲授英语课的教师——到他的课堂里帮助学生学习

“请”和“谢谢”的含义和用法，当然也包括其他三个重要的词语：“感激”、“合作”和“恰当的”。

卡奇纳和学生一起练习这些词语。开始，为了演示什么时候要说“谢谢”，她让一个学生为她开门，她说了声“谢谢”。然后，她又反过来为学生开门，好让他们也练习使用“谢谢”。她还利用了几个其他的场景，包括分发试卷和从学生那里接受东西。通过类似的示范，她又教会学生什么时候使用“请”。教会他们“感激”、“合作”和“恰当的”这三个词可就没那么轻松了，但卡奇纳再次通过大量的示范，甚至通过播放录像片段，最终还是做到了这一点。

尽管课堂管理问题对特里来说仍然是一个挑战，但是一旦学生掌握了这些词语，哪怕仅仅是在一定水平上的掌握，对特里而言，利用它们来防止和处理课堂干扰问题就变得容易多了。他和学生继续利用每个课堂情景练习与这些词语相关的行为，卡奇纳也继续帮助学生理解那几个特别重要的礼貌用语。

达娜厄

如同许多的实习教师和新任教师一样，达娜厄在过了很长的一段时间后，才意识到要考虑、引入、使用和要求礼貌用语、文明举止。在实习之前，她还错误地以为大学预科班的学生是从来都不会扰乱课堂的。

达娜厄明白了原来所有的学生都会搞恶作剧，都会表现粗鲁和惹是生非。并且要做到这点并不费力——只要一个咕哝不清的词语、一个面部表情或者一个手势就可以了。因为那两名男生的不端行为由来已久，她旨在改变他们行为的尝试都没有多大效果。尽管她经常跟他们讨论他们的不良表现，但对他们俩已经不再有任何作用，因为她的话缺乏支持力量，只是单纯的说教。

达娜厄必须从头做起，为此，她不得不让这两名男生和指导教师在另一个教室里呆了两天。一旦这两个年轻人发现自己的搞怪不再奏效时，他们就安分下来了。这个时候，尽管实习期已即将结束，达娜厄还是给学生讲了关于礼貌用语和文明举止，同时表达了自己对学生的期望。她把实习的最后三个星期都花在了练习使用有关礼貌用语上。“请”和“谢谢”成了她课堂上的日常用语。只是把“感激”、“合作”和“恰当的”几个词语经常挂在嘴边上，就使得达娜厄更加自信了。她再也不用四处摸索和冥思苦想该说些什么让学生保持安静、防止意外干扰的发生，并重新抓住学生的注意力了。看来教授和让学生学习文明礼仪从什么时候开始都不算晚。

语言的另外三个强大暗示

除了这些重要的礼貌用语以外，还有另外三条和语言有关的建议，它们在帮助教师建设有效、安全的学习环境的同时，也能帮助教师根除破坏性因素。

语气：没必要大喊

如果你在大喊，那么肯定是你的课堂管理方法出了问题。向学生大喊不仅不能有效吸引学生的注意力，而且也不能减少学生干扰性的和多余的行为。它只能使这些情况暂时发生变化或者干扰行为暂时停止，但不能持续起作用，或是阻止其他情形、行为或事件的发生。所以，这样做不仅没有必要，而且会给学生做出不良示范，让他们感到沮丧，使课堂进展不顺利，甚至招致学生的反抗、敌对、消极合作和更为糟糕的表现。那么你该怎么办呢？实施本书给出的6个简易步骤好了。

沉默不语的力量

你是否只是为了努力抓住学生的注意力而喋喋不休？你是否也跟巴里一样，认为一旦你开始讲话，学生就会停止说话？这是一个巨大的错误。你这么做不仅表明你不能胜任教学工作、惧怕学生出现课堂行为问题，而且由此学生没有机会反复询问“你都说了些什么”和“我们该怎么办”之类的问题，你也因此失去了宝贵的互动时间。

> **沉默的力量**
>
> 使用“不出声”和“安静”这两个词语的结果会大不相同。如果你想要学生沉默不语，就必须使用“不出声”一词。任何人都不会对这个词产生误解。可是对于“安静”一词的误解则很多。有些学生认为可以低声耳语，有些学生认为可以轻声说话，有些学生甚至毫不在意——因为他们认为自己已经很安静了。如果你要学生保持安静，但他们还在说话，那么不要责怪他们，用能确切表达你意思的词语吧。

抓住学生注意力最简单的办法就是默不作声地站在教室前面，然后和学生一个接一个地进行眼神交流。学生就会很快、很平静地把信息传播开去——我们需要保持安静和集中注意力。通常在20秒之内，全班就会安静下来，转而把注意力投向你。如果不奏效，你只要叫出正在讲话的一两个学生的名字，并且说："莎拉，请你……我在等着你呢。（稍停顿一下）谢谢。"

在学生进行小组活动时抓住他们注意力的方法

学生会在小组活动的时候非常专注，当然这也是你想要的。可是，为了让他们把注意力转到教师的讲解或者转回统一的课堂模式上来，有些教师要一声高过一声地大喊才行。如果学生此时正高度专注于自己的任务，向他们喊叫只会让他们恼火，还会把你累得口干舌燥、疲惫不堪。这儿有一个非常简单的方法：先走到一组学生身边并悄声说："现在我需要你们保持安静，我们即将恢复集体上课，谢谢。"然后走到另一组学生跟前重复刚才的话。这样，只要你走过一组或者两组之后，其他各组一旦听到别的小组都安静了下来，他们也会停止讲话，并把注意力转向你。

让课堂上的语言和语气有所变化

如果你是一名职前教师，并能在大学教学方法实践或实习阶段练习使用这些礼貌用语，它们就会成为你的习惯用语，当你正式从教时，你就会变得胸有成竹。如果你是一名新教师或者资深教师，你就拥有完美的监督者来协助你实现这些改变。向学生解释你为何要做出这些改变，并请他们监督你，是消除口头禅、添加礼貌用语、避免大喊大叫的最简单方法。各个年龄段的学生都喜欢这样做，而且学生也会从中受益，并也开始使用这些专业的、礼貌的词语。同时，这也有助于提升学生的集体意识。

小结：第 3 步

1. 彻底避免使用诸如“噢”、“好的”和“对吧”这样的口头禅。

2. 彻底避免使用“伙计”的说法，取而代之以“各位”、“同学们”和“女士们、先生们”这样的表达。

3. 只要有可能，就尽量使用“合作”、“感激”和“恰当的”这样的词语。

4. 使用“谢谢”和“请”对于培养礼貌行为大有帮助。

5. 为了集中学生的注意力，静静地站在教室前面和学生们一个接一个地进行眼神交流，直到每个人都保持安静。

6. 为了使参加小组活动的学生把注意力转回到课堂统一教学上来，每次走到一个小组的学生跟前要求他们安静下来。

后续步骤的吸引力

步骤 1、2 和 3（了解和使用学生的名字；指定特定的学生提问，避免提出悬空的和匿名的问题；在使用礼貌用语的同时，避免拖泥带水的、非专业的语言）为创设一个没有吵闹的课堂奠定了初级基础和基本准备。步骤 4、5 和 6 将继续检验教师在课堂管理上使用的各种方法，以有助于形成安全的和积极的课堂氛围，同时又能创设一个学生积极参与和高度投入的有效性课堂。第 4 步聚焦于给学生指导时如何避免使其迷惑不解并使其更少干扰课堂、更多投入学习和取得更好的学习效果。

第 4 步

避免给出让学生迷惑不解的指导语

伊丽莎白

开始上课

当那些6年级学生推着、挤着进入教室的时候，他们并没有留心伊丽莎白，这位将在本学期最后两个月里给他们教世界地理的实习教师。此时，伊丽莎白身子倚靠在讲台上，随意翻着教案，面无表情，似乎根本就没注意到学生在走廊和门口做出的那些打趔趄、重重踩地和其他的一些中学生的典型行为。

两个男生在教室过道里行走时，其中一个在另一个的肋骨上猛撞了一下，这时，他们看到教室后面准备要录制课堂状况的摄像机，便走向前来对着镜头做了一连串的鬼脸。其中一个把脸颊尽力地挤扁，眯起双眼，吐出舌头。这副怪模样被永远地记录在了录像中。

上课铃响了，课上伊丽莎白提醒了五六遍“要专心听讲”。每说完一次，她都等着学生们开始专心听讲。但是，只有每次在她突然重重地用尺子敲打讲台之后，他们才会集中注意力。

背景

在伊丽莎白实习的中学，大部分（94%）学生都是白人。学校所在的城市紧临一个大都市城市圈，人口大约有34000人，大部分居民是工薪阶层。伊丽莎白的指导教师几乎帮不了她什么忙。他是当地一所高中的足球教练，每天在这所中学上完上午的课之后，他就会直奔自己所在的高中，丢下伊丽莎白并由她独自来管理分配给她教的班级。她跟那个指导教师和校长都谈了话，都没能解决这个问题。但是，伊丽莎白还是想留在这里，而不是换到别的地方去（不想再犯同样的错误）。伊丽莎白看上去并不开心：她很少微笑，显得不自信，好像没有控制力，也没什么精神头儿。她看起来像是随时想要逃离这一切。

那天上课的内容包括复习地理术语。伊丽莎白打算用游戏的方式进行复习，可这正是我不建议实习教师使用的，因为这种方式对管理技能要求很高。

她的指导语

“今天我们要复习学过的地理术语。我们将分成两队进行。教室这边（她指向右边）的同学为A队，这边（她指向左边）的同学为B队。我每次提出一个问题，各队都要有一个同学到黑板这里来写出自己的答案。第一个写出正确答案的同学将给自己的队赢得一分。同学上来的顺序由座位顺序决定，所以A队的杰克和B队的甄恩将分别代表本队第一个出场；坐在他们后面的同学为下一组选手，依此类推。下面是第一个问题。”

混乱的游戏现场

“河流入口处低洼、潮湿的地带被称做什么？”

杰克和甄恩几乎同时从座位上一跃而起，杰克把甄恩往后一推，赛跑一般来到黑板前，写下“三角洲”。

“A 队得 1 分。”伊丽莎白一边说一边在黑板一侧 A 队的名下画了一道竖线。她没有提及杰克把甄恩推到后面的事情，或者，实际上在这个游戏中应该考虑到的任何特殊行为。A 队的学生尖叫起来，并用拳头在桌子上猛击。

“结了冰的河被称做什么？”

A 队的劳伦努力想要到黑板那儿去，可是她的一脸苦相表明她对答案一无所知。B 队的贝思跑到黑板前写下了“glaser”（答案应为“glacier”，此处为学生拼写错误），劳伦也就不用再起身了。

“B 队得 1 分。”于是，B 队开始欢呼，他们又是跺脚，又是拖长声音喊“耶”！伊丽莎白还是没有做出任何反应。她甚至没有纠正学生的拼写错误。

她接着提问：“把两块广袤的陆地连接起来的狭长地带被称做什么？”

A 队的克雷格猛地一下子站起来，把自己的桌椅推倒以拦住 B 队的肖恩，跑到黑板跟前。可是，肖恩跃身从另一个过道走上前去。两个人碰巧几乎同时到达黑板处。克雷格大大地写下了“who cares（谁在意这玩意）？”肖恩拿过粉笔，疾风一般在黑板上画了大约 10 个圈。

伊丽莎白用温和的语气对全班同学说：“不要再在黑板上

画画了；只能把答案写在这儿。”于是，游戏继续进行。

课堂失去控制，我也感到进退两难：我应该在有人受伤之前去阻止他们，还是把机会留给伊丽莎白，让她自己去阻止伤害发生，去弥补自己的失误并使课堂有所不同？我想了想还是选择了任其发展，或许这是错误的。后来，课堂的噪音越来越大，隔壁的教师打开自己教室的门大喊道：“你们那边能不能安静点儿？”作为报复，他狠狠地把门摔上。

把指导语说清楚

除了每次跟学生说话时要用他们的名字、避免使用悬空的和匿名的问题、改变自己的课堂用语和语气之外，几乎没有什么比给出明确的、学生能够理解的指导语更能有效地确保课堂进展顺利和没有干扰了。在伊丽莎白的案例中，她的确给出了指导语，但却没有检查学生对指导语的理解情况。其他学生能否给回答问题的学生提供帮助？回答问题有没有时间限制？如果轮到的那个学生不会回答某个问题，别人能否替他回答？如果两个人都答错会怎样？比赛结果要是不分胜负又该怎么办？

而且，伊丽莎白也没有解释清楚限定性行为。允许跑到黑板前面吗？可不可以在书里找答案？同学可否把答案写在纸条上传给要回答问题的人？能否妨碍别人的行动？

伊丽莎白能够从这次遭遇的打击中恢复吗？

结果

伊丽莎白迷茫而不知所措；这堂课彻底失败。所幸并没有人受伤，当课堂活动似乎要这样无休止地继续下去的时候，下课铃声终于响了。学生马上冲出了教室。那堂课后，我和伊丽莎白进行了一次交流，我给她提出的主要问题是："哪些方法管用，哪些方法并不奏效？"她似乎并没有意识到课堂上出现的一些问题。她认为学生的确是太吵闹了，除此之外，课堂情况还"不错"。

于是，我们一起回顾了录像带的内容，一起讨论了需要改进的地方。我们详细讨论了如何给出指导语并给予说明，以防止干扰的产生。可是，伊丽莎白似乎并不想改变自己的想法，也不想接受我的意见。她的课程计划中仍然有很多方面的错误。例如，不管什么原因，如果学生的拼写水平差，教师便不应该让他们在黑板上写答案。对学生来说，在同龄人面前暴露自己的弱点是很丢人的事情。他们宁愿像肖恩那样画很多圆圈，做出一些可笑的和不理智的举动，也不愿意被人认为愚蠢，而相比来说，口头回答问题与结对子学习能起到更好的效果。可是，如果教师不能把游戏规则和行为的限制条件说清楚，任何游戏活动都不会起作用。所以，在设定活动形式的同时，教师还要检验学生对规则和限制条件的理解程度。

伊丽莎白坚持完成了实习任务，但她还是认定自己并不适合教师职业。于是，她选择进入研究生学院继续学习工商管理课程。同时，面对这样的结局，我也有责任：我没有进行主动干预，因为我而使伊丽莎白近乎成功的实习泡了汤。

一个试点项目：一个不同的故事

新教师总是让人惊奇——他们敬业、坚持、专注、理想化、有责任心、有创造力，但是有时候很操劳、很困惑；他们对待学生和课程计划，就像是坐上了过山车，忽高忽低，跌宕起伏，但是他们也会让人心生敬畏，发自内心的敬畏！作为涉及华盛顿州三个学区16所学校一个大型研究项目的指导人员，能和200多名从教一年、二年或三年的教师协同工作，的确是一个很好的机会，也是一个莫大的荣耀。

项目的目的

这个试验项目是该州的多项计划之一，目的在于把教师的教学标准和学生的学习标准统一起来——在该州被称为EALRs，或者叫做学科学习的核心要求——同时也为该州新的教师职业资格认证制定标准（如今在华盛顿州，教师必须在从教的前五年内获取职业资格证书和初级教师证书）。

三个阶段

这一试验项目由三个阶段组成。第一阶段是给从教第一年的教师和他们的指导教师（总共有400多人）提供课堂指导，开展专题讲座。第二阶段在最大的一个学区展开，是对“明天的阿普尔学校计划”（Apple School of Tomorrow，某一研究项目的名称）的扩展，该阶段要求从教第二年的教师与指导教师保持经常性联系，并且能够停课一周去协助指导教师解决课堂上的具体问题。第三个阶段在夏季进行，届时，从三个学区挑选出来的每个教师都要形成一份专业成长计划（PGP），计划中他们必须指出自己的不足之处以及根据新的州教师行为标准的三个主要要求：有效教学、专业成长、领导能力（最近已经改为职业贡献），他们面对的挑战是什么。专业成长计划结合研究生课程和在职工作的内容，会一直延续到夏季的结束。

本

背景

我第一次见到本的时候，他刚刚成为来自三个学区参加第三阶段项目的17名教师中的一员。此前，他曾给学校位于一个工薪阶层聚居的工业区的9年级学生讲授过两年的世界历史课。从该项目的研究人员对他的面试中，甚至仅仅从跟他的交谈中都很容易发现他不仅热爱教学工作，也很爱自己的学生，他的学生有80%是白人,其余的20%中有拉丁美洲人、亚洲人、黑人和美洲印第安人。

从跟本的交谈和对他进行的初次面试中，从跟他的第一、第二阶段指导教师的会谈中，都能清楚地发现本在课堂管理方面很用功，而且取得了很大的进步。据大家说，他不仅熟知学生的姓名，而且懂得如何使用它们；他还能机巧地提出问题明确的指导语。他的语言能力很强，讲话既专业又清楚。他非常有亲和力，而且上课的节奏恰到好处。由于工作努力，认识明确，勤奋好学，他的课堂并没有出现不良事端；总体看来，学生们表现良好，注意力也很集中，没有做出干扰和分散别人注意力的蓄意捣乱行为。

本的问题

本在他的专业成长计划中写下了四个主要问题，其中，一个让人颇为惊讶的问题竟然是课堂管理。本最努力的方面就是让学生开展小组活动，并且要一心一意地完成任务，不去干扰他人或者不停地要求教师重复说明或者解释他们要做的事情。他的典型做法是给学生讲清楚小组活动的目标和要求，然后问问他们有没有什么疑问，回答完学生的问题后，就可以开展活动了。可是，总是不到一分钟就有学生举手问道："你所说的……的确切含义是？"

这时候，本就会把有关内容再解释一遍，或者尝试把任务的要求再解释一遍。可是，没过几分钟，又会有别的学生从座位上跳起来，绕着本的桌子转着圈儿问道："我不明白你想要我们在这一部分做些什么，我是否应该……"于是，本就再给他解释一遍。如此下来，各组成员往往对自己究竟应该做些什么产生认识上的分歧，从而使任务不停地被中断。于是，某个学生就会提高说话的声音以盖过另一个学生的声音，噪音越来越大。

不算糟糕的时候，这样的学习过程以课堂被扰乱或者连贯性欠佳而告终；糟糕的时候，不仅学生学到的东西少得可怜，而且有很多偏离主题的交谈，很多的困惑、烦恼和争吵产生。本想努力地在课堂管理方面有所创新，但对此学生却反应平平，情绪低落，甚至感觉收获甚少，这一切让本感到很失望。本应该如何弥补自己的不足呢？

我们应该怎么办?

每一天，你都要将这件事做好：给出清晰的指导语和说明。教师们水平不一，不是每个教师都能给出清晰的指导语。有些人本身说话时就会错误连连（见第3步）；或者有人总是提出模棱两可的问题，也就无从得知学生能否理解任务的内容和要求（见第2步）；有些人甚至不检查学生对活动要求的理解程度就让他们开始活动。

在众多产生困惑和误解的情形之中，还会发生在本的课堂上出现的那种情况，即有些学生感到迷惑不解的时候就会要求教师把任务要求讲清楚，从而打断了正在进行活动的同学。他们会问教师："您的意思是……？""要是我……会怎样？""我们应该做些什么？"有些学生甚至懒得向教师提问；他们会戳戳某个同学向他询问，从而干扰了其他学生；有些学生虽然努力尝试解决问题，可一旦感到迷惑不解或者心情急躁的时候就会以某种干扰课堂的方式发泄出来。单靠开展某些特定形式的课堂活动往往会使有些学生变得更为心不在焉，伊丽莎白课堂上的游戏模式就是一个例证。可见，这样的环境并不利于学生的学习。想必你也不想给出不清楚的指导语，使学生困惑或者出现更糟糕的情况。你肯定想给出清晰和易于理解的指导语，并且将学生对这些指导语的理解情况检查一番吧。

给出不会导致干扰发生的指导语

通过以下五个步骤（其他两个步骤见"后退！我们丢掉了

两个预备步骤”）能彻底解决学生在执行任务时出现困惑或者制造干扰的问题。

1. 给出口头的指导语。
2. 展示出指导语的内容——用投影仪和幻灯片放映，用张贴启示或者板书的方法展示，或者干脆将指导语写在纸上发给学生看。
3. 最关键的步骤。口头解释完指导语之后，要求两名学生用自己的话重新说明指导语的内容。重要的是学生不用逐字逐句地复述你的话，因为这样做不过是在简单重复而已，并不能说明他们完全理解了指导语的内容。

让学生重述指导语的必要性

如果没有第3步，学生很可能会在活动进行中出现干扰行为。也许你以为自己已经做了很好的解释，事实上也可能的确如此。你以为学生会把那些打印出来的、展示出来的和投影出来的指导语进行再次回顾。也许他们真的会这么做。可是，无论你是否已经口头陈述指导语，还是已经用视频对其进行演示，这些都不能防止课堂出现干扰和混乱的局面。你需要知道的是，学生是否真的明白你的指导语，或者他们是否知道自己究竟应该做些什么和应该怎么做。

不要再问“大家都明白了吗”

问学生“大家都明白了吗”只会使学生更为迷惑不解。为什么呢？“大家都明白了吗”是哪个类型的问题呢（提示：参看第 2 步）？这是个匿名的问题。而且是个最最糟糕的匿名性质的问题。对于一个要获得自己所需信息的教师而言，这样的问题毫无意义，因为它不能给你提供有关学生对指导语理解情况的任何信息。你可能听到有的学生嘴里咕哝着什么却不知其所云。你可能听到有的学生回答“明白了”。但这不过是自欺欺人而已，因为你并不知道他们是否真的理解你的指导语，你甚至未必知道这些学生究竟都是谁。

你还会看到不同的肢体语言，包括以点头示意“是”或者以摇头表示“不是”，还有扭动身体以及其他多种多样的诡异表情。你是不会明白这些信号的意思的，你也不会据此得到自己想要的信息。也就是说，你并不知道究竟有谁明白或者不明白你的指导语。如果这个时候让学生开始进行活动，那么困惑和干扰势必难免，你也必将自食其果。

不要再问“还有问题吗”

“还有问题吗”是哪个类型的问题呢（提示：参看第 2 步）？这是个悬空的问题。学生并不知道怎样应对这样的问题。他们是否要大声做出回答呢？如果真有几个学生大声地做出了回答，你又何以知道究竟是谁在回答、他又说了些什么而谁根本就没有作声呢？再说了，当有人大声叫喊或者摇头表示“不”的时候，他向你传达的究竟又是些什么信息呢？实际上，所有这些表示几乎均不能传达任何确切的信息。因为你还是不知道究竟有谁明白或者谁不明白你的指导语，最重要的是这些表示并不能告诉你学生究竟在哪些地方存在着什么样的误解。

学生之所以不知道如何回答这一问题，是因为他们并不能以一种清晰和明确的方法让你明白他们的理解程度。还有些学生根本不会对这样的提问做出回答，原因要么是害羞，不想让自己当众表现得愚蠢或者无能；要么是他们意识到单凭一个“是”或者“不”根本无法说明实际情况。在提出这个问题的时候，兴许你还以为学生在产生疑问时就会向你举手发问。想要避免课堂发生混乱或被干扰，一定不要做出假设。因为假设通常是错误的。在本的课堂上，当他提问“还有问题吗”的时候，就有学生举手提问。可是即便本解答了他们的问题，那些还没有被提出的问题和潜在的迷惑依然存在，而且这些问题和迷惑还会继续成为活动过程中的麻烦。

后退！我们丢掉了两个预备步骤

第一步：相关说明

在说明活动的指导语之前，要解释清楚指导语的作用。要向学生说明你将在陈述完指导语之后要求两名学生用自己的话对任务进行复述。这样做会产生以下三个方面的重要结果：

1. 学生将会意识到必须使自己的注意力高度集中，因为你会让他们重新解释指导语。
2. 你将和最少两名学生进行互动并能很快确定学生是否对任务指导语有误解。
3. 其他学生有机会听到对指导语的不同说明。

解释完上述内容之后，叫第一个学生的名字，让他用自己的话说明任务的过程。如果你认为他的说明无懈可击，而且他自己也已经理解了这个过程，你就该叫第二个学生的名字了，让他说明指导语的内容，对其进行补充性说明或者说明其作用。

如果你认为还有学生对指导语的内容存有疑问，那你就要从头再来，然后再次要求两名学生对其进行说明。你需要一直坚持到能够确保每一个学生都理解了任务的过程。记住：向学生解释你这样做的原因是很重要的。

第二步：让学生预先提出问题

为了确保学生专心于自己的任务，对任务有清楚的了解，而且在执行任务期间不会干扰或者打断你和其他学生的活动，你还应该在说明任务指导语之前做好另一件事情。如果学生已经明白你将会要求他们用自己的话重新说明任务指导语，你还要告诉他们一旦开始执行任务就不得向你或者其他学生提问任何有关该任务的问题，即使他们提出此类问题你也不会予以解答。也许这样做看起来很吝啬，但结果却恰恰相反。

有害无益的和错置了的关心

教师的工作是帮助学生学习，并且把学生培养成独立的学习者，而不是让学生成为依赖者。可是，实习教师和新任教师往往会过度迫切地给予学生帮助，下意识地使学生无法独立学习。这些教师总是越过必要的过程而很快地给出问题的答案，要么就是在给出指导语之后又不厌其烦地对其进行反复地说明。其实，此举实乃是有害无益的关心。因

> **学生学会了不思考**
>
> 尽管让人伤心，但这确属事实。学校的训练和对正确答案的过分看重，已经使学生在1年级末的时候学会了不去思考。

为除了教师自己劳心伤神之外，这样做还会使学生变得懒惰和没有自信，会让他们对教师形成依赖。如果没有了教师的全程帮助，他们就会无法完成任务或者根本不能理解任务的内容，也不能去解决问题。学生会丧失独立思考问题和完成任务的能力——他们会一味地寻求获得教师给出的答案。

在你的说明中，以下问题非常重要：你要表明你对学生能力的信心，学生也有必要继续发展他们解决问题的能力——他们需要解决问题，他们不需要依赖你的帮助。

预先说明

如果学生已经习惯你马上就会给出问题的答案或者经常给他们以关注和帮助，那么你就要花费一些时间，一心一意地再次向他们解释清楚在任务开始之后就不要再期待教师给出答案的理由。要让学生在执行任务之前提问有关任务本身和指导语的所有问题。这么做会产生以下两种结果：

1. 只要学生能理解你的策略及其缘由，那么当你做出指导说明的时候，他们就会更加专心地听。
2. 他们会自愿地在执行任务之前提出问题。

这样做的最终结果是你的学生能学会在课堂上集中注意力，会意识到自己有能力完成任务并因此而感到自信，会对你为他们提供信息和答案的依赖愈来愈少，会坚持执行任务，会收敛干扰和打断他人的行为。当然了，他们也会学到知识。

本的计划

在暑期项目的第三阶段，本利用部分时间分析了自己说明指导语的方法不起效的原因以及如何在秋季学期实施新的教学计划。

外族入侵罗马帝国

本满腔热情地投入计划的设计阶段。他很快就明白自己应该选择什么样的试验主题。本喜欢世界历史，尤其是罗马帝国时代的历史，一想到在学生中间开展这个主题活动的情景他就激动不已。在从教的前两年，他已经就此主题设计过好几次学生的小组活动。其中，自己比较得意的一次活动就是集中讨论外族入侵罗马帝国的问题。他决定重复那次讨论的问题，只不过这一回他要将五个做出指导说明时应该遵循的步骤付诸实施。

遵循以下步骤

学生还没有进入教室的时候，本就开始在黑板上书写如下的指导语：

> 1. 各小组都将分别代表一个曾经侵犯过罗马帝国的外族。
> 2. 各小组都要形成自己的观点和理由以论证是你们使得罗马帝国最终走向灭亡。
> 3. 各小组都要向全班学生解释自己的观点。

本所做的第一件事情是，向学生解释他将在他们开始小组活动之前要求两名学生用自己的语言重述指导语，并且说明自己这么做的目的在于确保所有学生都能理解这些指导语，从而不使小组活动受到干扰。同样重要的是，他还向他们宣布：有什么疑问都要在小组活动之前提出来，任何人不得在小组活动期间向他提问。听到学生中有人倒抽了几口凉气，于是他不止一次地表达了对他们能依靠自己的力量独立完成任务的坚定信念。然后，他叫了两个学生的名字，让他们把小组活动过程复述一遍。于是，学生按要求进行了复述。

然后课堂小组活动就开始了。他把黑板上的内容口头解释了一遍之后说道：

“珍儿、凯伦、布莱恩，还有山姆，你们扮演匈奴人。”

“约翰、莎拉、布瑞登，还有泰勒，你们代表西哥特人。”

“奈特、马特、欧式恩，还有艾米，你们代表汪达尔人。”

“格雷格、托尼、妮可莱特和阿瑞尔，你们代表法兰克人吧。”

“维奥莱特、汤姆、若阿金、比尔和另外一位马特同学来代表勃艮第人。”

“戴芬、利亚、蒂娜和萨沙来扮演东哥特人。”

这一回本没有像以前一样提问“还有问题吗”。相反，他叫妮可莱特把指导语和任务的内容又解释了一遍。在妮可莱特做完非常清楚的陈述之后，本又提问奈特是否很清楚指令的内容。奈特的回答是“是的”，于是本又说：“太好了，请你再给大家解释一遍吧。”于是，奈特又将指导语解释了一遍。

做完这些以后，本又提醒学生他将不再在小组活动期间回答任何提问，但他却会在小组活动开始之前回答学生提出的任何问题。本耐心地等待着，教室里各处都有学生举手提问。于是，本回答了所有的问题，他又一次提醒学生，任何人不得在小组活动期间打断他人的活动。当再也没有学生提问的时候，本提出了一个压轴性的问题："这次扮演外族人的活动有什么意义呢？"本在学生就此做出了数种深层次和带有批判性的回答之后，才让他们开始自由活动。

时间因素

以上过程用时大约五分钟，也许在别的课堂上用时会更长一些。但是，比起学生在活动过程中互相干扰和各小组处理自己遇到问题时所浪费的时间来，这点时间根本不算什么。

学生们开始执行自己的任务，而本也认为这是他们在小组活动时注意力最集中的一次。其间，有两个学生忘记了指导语中提出的要求，当他们举手提问的时候，本提醒他们："对不起，我不能回答任何问题。我相信你们自己能解决这个问题。"那两名学生的表情似乎在说："是的，是我们自己忘记了。"然后就径直回去解决问题了。

> **选择**
>
> 你的选择是花费几分钟的时间来确保学生理解任务的指导语，或者选择单刀直入地直接进入任务，却因进程中出现的种种障碍和分散注意力的事情而浪费更多的时间。

结果

本如此安排活动的结果不仅使学生能够坚持做自己的工作而不去干扰和打断别人的工作，而且，在本看来，他们到教室前面说明自己观点的时候也比平时更为自信了，对问题的回答也更深刻更具逻辑性了，这些都是他不曾想到的。通过观察，我也认为本的这次课非常出色。

特殊需要

除了考虑到30个学生中可能只有一人能理解你初次给出的指导语之外，还要慎重考虑另一点，即有学习障碍的学生其典型表现是理解能力不足，而理解能力的欠缺会使他们在理解和遵从指令方面愈发感到困难。学生对指导语的重新阐释和事先提问两个过程能对其学习态度、任务取向及其自身（和他人）的成功产生重要的影响，影响之大，甚至让人震惊不已。经过这两个过程，学生在小组活动期间将不再担心自己究竟应该做些什么，不会感到只有自己不清楚教师的指导语，需要单独被辅导，也不会一遇到问题就责怪自己愚笨。相反，他们能与同学一起着力于解决问题且注意力

学生的曲解

如果你的班里有30名学生，那么在你给出任务的指导语之后，他们中间有多少人会按照你的本意来理解这些指导语呢？根据皮亚杰的研究：如果幸运的话，或许会有一名这样的学生。原因是你和学生之间并没有建立起相互交流的框架。学生总会把它与自己以前听到的内容和相关经历相融合来理解，所以他们最后演绎出来的指导语就和你的所说所指不尽相同了——这也是你需要花费时间说明指导语，要求学生自己透彻理解指导语，并在执行任务之前提出所有疑问的原因。

更加集中，能收获更多的自信且干扰课堂的行为会逐渐减少，进而学生们就能学到更多的知识。于是，人人都成为了这种新型学习环境下的受益者。

根据具体授课模式，你还可以给有更复杂要求的学生提供特殊的活动场所。

小结：第4步

1．说明过程：即在你给出指导语后，要求学生用自己的话再次说明该指导语，然后让他们在执行任务之前提出问题。任务开始后，教师将不再回答任何问题。

2．让两名学生用自己的话重述这个过程。

3．给出任务的指导语。

4．用幻灯片直观地演示或者用分发下去的纸张清晰地展示任务的指导语。

5．叫一个学生的名字，并要求他用自己的话重新说明任务指导语。

6．再叫另一个学生的名字，要他再次说明指导语的内容或者令其对前一个学生所说的内容进行说明和扩展。

7．如果学生的理解不够深入和完整，干脆从头再来。

8．当你确信学生已经理解了任务要求后，再次向他们说明任务开始后任何人不得再次提出问题，原因是这样做会干扰他人，而且他们自身完全有能力在不提问的情况下完成该任务。

9．如果学生仍有问题，要求他们在执行任务之前举手提问。

10．提问结束后，安排学生开始进行活动，但要再次提醒他们，你将不再回答任何提问，如若有问题必须自行解决。

11. 有特殊需求的学生可能需要特殊的活动场所。

也许你在想为什么不简化给出指导语的过程呢？抱歉，这里根本没有捷径可走。

下一步是什么？

总体来说，第 5 步解释为什么不同的课堂需要对学生行为问题不同程度的关注，本步还特别提出如何在每次任务转换或是新任务开始的时候避免课堂上出现问题。

第 5 步

用提醒和暗示促进学生的文明行为

一个特殊的 9 年级班

那是在 1 月份。我所顶替的教师突然无端地离职而去。我仔细地在花名册里寻找自己代课的新班级，发现该校有四个班的人数都超过 30 人，还有一个 9 年级的班不足 17 人。这是一所小型的（450 名学生）郊区高中，坐落在一个大约有 14000 人的小镇上，学校里几乎全部（96%）是白人。由于该学校不安排循环上课，所以我将每天都在最后一个时段给这个小班上课；课时长度为 45 分钟。我不禁问自己："我该怎样做才能使每一天都有个圆满的结尾呢？"

任教的第一天

每天最后时段的四节课相当平常，班级算不上大，班里也没有什么明显的问题。所以，上小班课的机会来了。按照要求，在学生开始进教室的时候，我便站在门口执勤。

哇！

简直是要闹翻天了。亚伦是第一个走进教室的学生，从块头和面相看他更像是个老生而非新生。只见他跑步进入教室，跃身跳到一张椅子上，然后又跳到另一张上，随后再跳到第三张上，紧接着又跳到第四张上，在此期间，他的手一直在鼓捣着自己的打火机，火焰蹿起大约有 20 厘米高。要说嘛，他这种跳法真乃不易之举，因为椅子和课桌是连成一体的。其余的学生互相推搡着，敲打着桌子，就像溃散的军队一样乱七八糟地走进教室，噪音之大就像飓风呼啸而来，甚或是火车隆隆而至。无论如何，那次课就是如此开始的。后面几节课的情形更是每况愈下。

14 个个别教育计划

没有多久我就发现，这 17 个学生中有 14 人需要特别关照，而且每个人都有一份个别教育计划（Individual Education Plan，简称 IEP）。奇怪的是，在与校方的谈话期间，我竟然没能发现这些情况的蛛丝马迹。现在，我没有课堂助手，看来以后也不会有的。事实表明，这个班的确是我数年教书生涯中所遇到的最大的挑战。

这个班究竟问题何在？

这个班里发生的事情恐怕都够再写一本书了（顺便说一下，我的确知道这个班的前任教师曾经遭遇神经失常，也正是出于这个原因，1 月份的时候他才突然离职）。教学过程进展非常缓慢，每天的改进也微乎其微，而且往往还会在第二天重蹈覆辙。学期过半的时候，曾经致使两名女生怀孕的亚伦因为偷窃汽车而被捕。除了三个多数时间显得很安静和有点惊恐的学生之外，其他学生都在继续以各种方式展示自己的不同凡响，其中有一个曾经将一把椅子破窗扔了出去。有一天，我感到实在没办法了，就找到另一位教师与她交流了这个班的情况。她的建议在我后来对该班的言行管理中起到了非常重要的作用。

其实，并非我早先不知道这些建议，也不是以前不懂这些方法。问题是有时候教师也需要有人提醒。沃特金斯夫人给我提出的核心建议是关于怎样教导和提醒学生做到文明礼貌，她还提出了一些具体的实施方法，她的建议正是我写作本部分内容的基础。

沃特金斯夫人的建议

不同的班有不同的需要

沃特金斯夫人提醒我没有任何两个班级会一模一样，有的学生本来就是带着比别人繁重得多的背负来到学校的。它可能是贫穷、精神问题、身体疾病、底层的或者遍布污言秽语的家庭生活、文化、学习和语言方面的种种差异等。基于不同问题及其表现形式，课堂管理的重点也应该有所不同，所以，她建议我花费不同长短的课堂时间教给学生一些简单的有关礼仪方面的知识和做法。对那些几乎没有行为问题的班级，你尽可以把 90% 的时间用于知识教学，而在剩余的 10% 的时间里，你仍需要关照一下学生的行为问题。对于课堂整体动态表现扭曲的班级，就像我的这个 9 年级班，两部分活动的权重要正好相反，要用 90% 的时间教导或者提醒学生做到行为举止端正，因此，用于知识教学的时间就只有 10% 了。

被吓着了？

当然了，身为教师，你一定想让每个学生都拥有平等的学习机会。反之，你的想法就显得荒唐了。如果身为教师，你却不能提供和维护安全、有序的课堂环境，学生就不会学到有价值的东西。如果你把时间和精力用于在无秩序的、闹哄哄的课堂上讲授知识，那就无异于浪费时间。不仅如此，这种做法还表明你对课堂缺乏生机的问题仍然认识不够，所以，遇到这样的问题时，你就会无所适从。事实是，在充满干扰、分散注意力的事物以及吵闹的课堂里，你没法教课，学生也无法学习。在有些班级，教师在开展教学活动之前需要花费更多的精力。大凡在令人头疼的学校或者混乱的班级工作过的教师都懂得在培养学生文明行为方面花费时间和精力的必要性。教学的成功与否并不总是以学生的学业成绩排名为标准来衡量的。

沃特金斯夫人提醒的问题非常切合我的课堂情况，所以，我在教学第七阶段的课堂上实践了她的建议，用大量的时间解决学生文明行为问题。那么，我的课堂上还有学科教学吗？是的，有一点。课堂环境安全吗？是的。我神经衰弱了吗？有点苗头，但却没有最终发生。

课堂规则问题

在读这本书之前，你可能已经听说或者拜读过很多有关制订课堂规则和设置课堂程序的内容。在小学里，无论是教师自己还是师生共同制订的课堂规则，一般都会包括如下内容：

1. 尊重他人。

2. 认真听讲。

3. 遵守校规。

4. 在大厅和教室里要步行。

5. 讲话前举手示意。

6. 恭敬礼貌。

中学的课堂规则大致如下：

1. 按时上课。

2. 携带课上所需的材料。

3. 用语恰当得体。

4. 尊重他人。

尽管有的研究强调在学期伊始就把课堂规则向学生讲解明白的重要性，也有研究表明青少年尤其憎恶这些独裁性质的规定，认为它们有专制性，因此对其非常反感。

你能给“尊重”下个定义吗？

问题是这些规则并不能发挥作用。通过20年来对数百个课堂的观察，我发现这些规则对课堂所起的作用微乎其微。有些规则由于过于含糊而在学生那里失去了意义。尽管对“尊重他人”一条的具体含义进行过多次讨论，可是在小学生中间，它往往还是起不到什么作用。我曾经在好几所小学里让学生说一下“尊重”的含义，得到的回答有“不骂人”、“不打架”和“友好待人”几种。当我提问某学校的一名1年级学生“友好是什么意思”的时候，得到的回答仅仅是“不打架”。实际上，对大多数学生来说，“尊重”一词并没有实际意义，它反倒使学生对“尊重”的理解变得片面化。这个词的概念太过广泛，以至于学生没法对其进行具体的思考和理解，也不能在每天长达 6 个小时的时间里去实践它。“遵守校规”一条同样过于含糊。校规究竟指的是什么？对你而言，“尊重”一词又意味着什么呢？

缺乏连贯性

在初中和高中阶段存在规则本身所指含糊性的问题。例如：在某课堂用什么样的语言才算得当？每天应该带什么样的材料去上课才算符合要求？另外，还有一个问题是规则缺乏连贯性。每门课都有自己的课堂规则，而学生上完 A 课后还要上五六(如果是长课时授课，数量会少一些）门课，经过大约 24 小时之后，他们才能再次回到 A 课堂，如果学校实行的是长课时制，三天之后学生才会再次回到 A 课堂（参看第 1 步以了解小学、初中和高中的更多不同情况）。

高中生尤其要持续性地注意这些规则。因为随着认知能力的发展，青少年会寻求更多的自我管理和自我控制。但是，有一点我们必须明白：为了使学生能顺利学习，必须有教师来维持课堂秩序，设置行为限制，并且创设让每个学生都能体验到安全感的课堂环境。学生希望教师能提出清晰、明确、有一定限制性的课堂要求，他们并不欣赏要求过于宽松的教师。

关于行为文明的一点期望

鉴于单纯依靠列举种种规则并不能有效地维持有序并有益于学习的课堂环境，下面将集中讨论另一种更为有效的方法。本部分内容是第 3 步的延伸，或者说和第 3 步中关于教授和使用礼貌用语的内容有所重叠。它阐述不断地提醒并暗示学生使其在课堂上表现文明的必要性。不仅幼儿园到 12 年级学生的行为会缺乏尊重、考虑不周或者在课堂上表现不端，而且研究生班的教师也常常会做出同样的行为。如果一起在被限定的空间里呆上较长的时间，任何年龄段的学生都会做出荒唐、可恶、甚至极其危险的事情。

珍妮

上高中的时候，珍妮就梦想以后能在市中心的高中任教，所以，当她得知教学实习被安排在一所约 400 万人口都市的高中时，她心情激动不已，浑身充满了干劲。

背景

能活着进出学校的停车场简直是一种成就，因为要出入这个停车场就必须途经一段交通混乱的区域。这个停车场有保安人员持械保护汽车免遭横祸，保证车辆不被偷窃，保护教师顺利进入教学楼，并阻止闲杂人员在周围游荡；停车场的每道门上也都安装了铁链和铁锁，任何人进入都要通过电话预约并经过安全检查。进入教学楼就会感觉安全许多，也安然许多，甚至让人生出小小的喜悦，但学校里却涌动着一股种族主义的暗流。清洁工努力清理掉涂写在储物柜上的字迹和图画，可还是有很多残留的痕迹依稀可见。

珍妮上课的教室是一间狭长的屋子，门对面的墙上安装着一扇小小的窗户。教室里有两张长桌子首尾相接拼在一起，学生围绕桌子坐成两排。教室里人满为患，没有一点多余的空间；只有第一排的学生可以利用一下桌面。天气炎热，室内空气质量很差。

课堂

珍妮讲授10年级的美国文学课。班上有39名学生，其中黑人、拉丁美洲人和亚洲人的数量正好均等。不幸的是，她的班上也有种族主义情绪。珍妮曾经给我讲过，我自己也从第一次随堂听课时看得出来，每当珍妮提问的时候，亚洲学生普遍能十分冷静地做出回答，但他们几乎从不自告奋勇地回答问题。大约有一半的拉美学生和黑人学生总是处在发生冲突的边缘，总在一种无声的竞争中一比高下。进教室的时候，他们会朝着对方大喊大叫；在教室里，他们更是彼此进行公然的和隐蔽的威胁。他们从来不会等到珍妮叫到时才回答问题，而是大喊大叫着提问、回答问题或者做出报复性的评价。就连那些没有卷入混乱的黑人学生和拉美学生也会扮个鬼脸或是发出让人生厌的吵闹声，似乎那些大喊大叫、寻衅滋事、威吓他人的学生让他们也坐立不安。

问题

珍妮不久就抓住了问题的关键。每当拉美学生讲话或者做陈述的时候，就会有黑人学生蓄意打断他们；当黑人学生做陈述的时候，拉美学生也会同样伺机报复。他们干扰对方的形式有大笑、戏谑、窃笑和咒骂，还不吝以制造噪音来激怒对方。每当亚洲学生回答问题或者做陈述的时候，情景就大不相同，教室里总是很安静。

问题的核心在于“敌对”双方总是持不同的论点。在我第一次听珍妮的课时，我发现，珍妮也在试图平息这些干扰，在课后讨论的时候，她说得很清楚：如果坐视这些冲突爆发，那么她讲课就不会有任何意义。她明白，自己需要创造一种能让所有学生合作共处、共同学习的环境。她的目标是不仅使亚洲学生产生更强的安全感并提高他们的课堂参与程度，还要使那些容易滋事的学生也表现得规矩起来。

珍妮对学生的背景了解甚少。不过她的确从指导教师那里知道班里有两个男生住在他们的车里，还有好几个学生生活在单亲家庭。她还经常在课上听到有些男生偷偷地谈论枪支和枪击事件。虽然珍妮无法控制校外的事情，但她知道必须使自己的课堂发生变化。如果你是珍妮，你会怎么办？你将怎样使自己的课堂变得充满活力呢？校规校纪对这个班学生的表现到底有没有影响呢？不妨考虑一下下面的建议。

提醒和暗示

学生并不能洞悉一切。在课堂上，他们需要平和的、经常性的、一致性的提醒或者暗示才能知道什么是恰当的课堂表现。为了防止课堂上出现干扰或混乱，除了前四步所述的 1 到 4 个步骤之外，每次开始一项新的任务或者每次进行课堂活动转变之前，教师和学生必须能够很清楚地表达出那些简单的文明行为规则和要求。这些口头的暗示可以被表达得简短而又快速，但是必须很清楚，而且，为了保证能被学生理解，跟给出指导语的过程一样，这些口述的规则也应该让一两个学生用自己的语言进行再次说明。以下是几个实例：

1.“下面我们将以小组的形式来完成昨天开始的任务。请不要在挪动位置的时候发出声音，马上开始小组活动吧，小组活动期间不要闲聊。谢谢。”

这是一种清楚、迅速而又简洁地提醒学生应该做什么，并且让他们保持大脑清醒的方法。如果略去这些提示，就别指望学生能在挪动位置的时候不发出声音，或者不聊天就马上开始小组活动。学生是人而非其他，所以，他们很可能不会保持沉默不语，而是马上就开始聊天；你可能会责怪他们不够严肃，可实际上，他们的表现不过是该年龄段的一些典型行为而已，他们喜欢体验到处挪动的快乐，反倒是因为你没能事先明确地提出行为的规则和要求，才导致他们表现得不尽如人意。

2.“我们要开始科学课的学习了。请大家静静地回到自己的座位上（如果你希望这样的话），不要把桌子碰得砰砰响，谢谢。非常感谢大家这么做。”

中学生喜欢撞到别人的身上或是摆设上。使用什么样的语言跟他们讲话取决于他们的年龄、年级以及班上已经出现的问题。

3.“苏珊，请给同学们说说在吃午饭的时候，我们应该怎么做。”

如果苏珊不能清楚地说明有关步骤和具体的行为规则，叫另一名学生帮助她解说清楚。

4. “我们会在大家都安静下来并且集中注意力以后开始。谢谢大家。”

请返回第 3 步看看“不出声”和“安静”两个词语的差异以及学生们对这两个不同措辞的相应反应。学生几乎从来不会把安静理解为不出声。如果你想要学生不发出声音，那么你必须根据具体情境选择使用“不出声”（silence）或者“不发出声音的”（silent）一词。

必须时隔多久做出提醒或暗示?

做好万全准备。除非你的班级毫无生命力可言，或者从来都没有不良的行为表现，否则的话，你必须在每个新任务开始和每次任务转变之前迅速而又友好地做出提醒或暗示，只有这样才能防止学生在课堂上出现混乱、迷惑不解、注意力不集中、干扰或者喧闹的状况。

还在首次实习阶段的新任教师和职前教师往往会对此感到难堪，可是从课堂录像的对比结果来看，如果教师能够采纳这些指导建议的话，使用前和使用后的课堂进程、活力和学生行为表现就会出现非常明显的差异，而那些省略告诉学生自己期望他们能够文明地表现自我的教师和那些没有解释活动过程的教师，每次都不得不经常打断课堂活动，以提醒学生应该做些什么和应该怎样做。那么，这些建议对珍妮和她的课堂有没有产生影响呢?

珍妮的方法

为了改变自己的处境，珍妮向学生说明了她发现的课堂问题和课堂无法继续下去的原因，她说自己要做出一些改变，包括提醒大家每次做陈述之前都不能有任何注意力不集中、讲话和嬉戏的行为。还有一个变化就是要求学生必须放弃使用贬斥性的用语，转而使用礼貌用语。为了迎接我的第二次访问，她做了一些准备工作。

课堂

为了分析《麦田里的守望者》一书，珍妮制订了一个富有创造性的教学计划。她要求学生在读完这本书（有些学生不能完成家庭作业，所以大多数学生都在课堂上读完此书）以后，挑选出书中对自己有意义的一部分。然后，把所选的部分写到透明胶片上去，轮到谁，谁就走上前去，用悬挂在头顶上方的投影仪演示出来，她还要求演示者向同学解释自己选择该部分的理由和意义。

珍妮的提醒语和暗示

在叫卡洛斯到投影仪那里去演示之前，珍妮给出了一些必要的暗示。

“在卡洛斯演示期间，每位同学都要保持不出声音并且全神贯注。谢谢！”

卡洛斯走到投影仪前并开始陈述。在他演示的大部分时间里，学生们的注意力十分集中而且行为表现良好，可是就在快要结束的时候，某个学生发出了一种几乎难以辨别的声音。珍妮低声、流利而又快速地说道："杰克森……请不要作声……谢谢。" 她所说的不过寥寥几个词语，但是卡洛斯却几乎没受到任何干扰。

珍妮又一次提醒道："在拉娜陈述期间大家不要出声，注意力要集中。谢谢。"

这一回，在整个陈述期间，教室里都很安静。下一个该莉亚了，珍妮又一次提醒学生。于是，也没有出现陈述被中途打断的情况。当再下一个轮到查佛尼的时候，珍妮又一次插入了那些提醒语。可是这一回干扰却再次出现了，于是珍妮只是说了句："罗曼娜……请你……" 然后接着说道："谢谢。"

从此以后，珍妮明白了，她必须在任务转换之前向学生解释清楚并且提醒他们什么才是正确的和文明的行为，而且每当更换学生进行陈述和回答问题之前，她也必须同样地这样做。如果学生对于文明用语、教室的日常规范或者文明行为的要求不明确，教师就要付出大量的、不懈的努力，帮助他们改进自己的行为表现。

结果

珍妮用了整整一个实习期的时间才为每个人都创造了安全的课堂环境。虽然干扰和威胁减少了，但课堂并非完美无缺。虽然还没有达到珍妮期望的程度，但是亚裔学生的确更活跃了。与此同时，"敌对"双方学生的行为表现问题却愈发棘手了。珍妮感觉到似乎有一种潜在的紧张对峙随时都会爆发，好在这种情形并未发生。在珍妮的帮助下，学生们在共同学习的过程中减少了摩擦，学会了文明地表现自己。这样一来，不仅她自己感觉更安全了，学生也感觉更安全了。她的班级已经做好了学习的准备。

总而言之

总而言之，经常性地给学生做出提醒和暗示，一方面会使你觉得这种做法近似枯燥、可笑甚或没有必要，但另一方面你却会发现它能为你节省很多的时间，让你不再头疼不已，而且会减少课堂的干扰和伤害性行为。迅速地做出口头提醒或给点暗示并不需要花费很长的时间，而且你很快就会习惯成自然；实际上，往往只要几秒钟的时间即可。这种做法的主要好处在于学生不仅能够学会礼貌地用语，还能学会文明地行事。从长远来看，它还能使学生有更多的时间和更强烈的兴趣投入到对知识的学习。

甚至，连资深教师也会在尝试过这些简单易行的方法后为它们所带来的巨大变化而震惊不已。有证据表明，在普通小学的课堂里，每天有 30 多次活动单独发生。在初中和高中，由于有多个不同的教学课时和数门功课的教师，学生每天都要多次出入不同的课堂，就会面临着不同课程和课堂活动之间的转换，而且各人也会对每门课程怀有不同的期望。学生并不能记住如此众多的细节，所以他们需要提醒和暗示。

小结：第 5 步

1. 每次开始活动和活动更替之前都要就所期望学生实现的文明行为做出迅速而快捷的提醒。

2. 认真选择词语。如果想要课堂上没有声音，必须选择使用“不出声”一词。

3. 让学生再次说明你对文明行为的期望。

下一步是什么？

第 6 步将提供一些非常重要的方法，以形成和增进课堂的人际关系、相互联系以及相互交流——这些都是创造安全感、归属感、班级集体感和班级荣誉感所必不可少的。要创设一个互动性良好的班级往往需要经过较长的时期根除课堂发生的混乱和干扰，最重要的是，要建立一种文化氛围，以提升学生在课堂上的专注程度。第 6 步所述并不适于胆小怕事者仿效。

第 6 步

增进课堂的互动：你能感觉到课堂的“心跳”吗？

书名

正如导言中所述，本书的书名“让学生都爱听你讲”旨在告诉读者教师需要关注教室里正在发生的事情，要用心倾听课堂的“心跳”，并通过倾听来发现该课堂是否能够促进每个学生都产生良好的状态，是否对他们的学习有益处。如果教师不能倾听和关注这些问题，就别指望学生会产生安全感和归属感，也别指望学生会自觉地听课，会集中注意力并且十分投入地学习，不给课堂带来任何负面的影响。

第 1 至 5 步给出了营造安全的、积极的课堂氛围所必需的五个核心步骤，从而使课堂上干扰性的、分散注意力的和其他的不端行为减少到最少。然而，如果想要课堂充满活力，仅仅有安全和积极的氛围是不够的，还需要学生能够高度投入、积极互动并且具备极高的学习热情。谁会不希望自己的课堂充满活力呢？朱莉娅就想拥有这样的课堂。

朱莉娅

朱莉娅是一名实习教师，她在一所经济条件较好的高中任教，学校坐落在一个人口大约为2万人的郊区小镇上。她的学生中约有87%的白人，7%的亚洲人，其余6%是拉丁美洲和黑人（大多数拉丁美洲学生和黑人学生每天乘坐公交车从市里来这儿上学）。这座小镇上住有众多专家，素有专家的卧房之称。

背景

朱莉娅讲授11年级的美国历史课。当时，她所在的学校正处于是非之地，不仅正副校长都传出了与校长秘书有染的丑闻，而且市里和镇上的大小报纸纷纷捕风捉影，在头版上将此事大肆宣扬；学校里更是一片混乱。时事难料，无论什么时候，任何事情的发生都可能改变一所学校的文化气息和精神风貌。可是，这一切似乎和教师们毫不相干，他们仍然要专心从教，要防止课堂发生干扰和混乱，要让学生感到安全并为他们提供活动的机会以促进其学习。

作为一名实习教师，朱莉娅的表现已经相当好了。她掌握了使用学生姓名的技巧；避免了使用匿名的和悬空的问题；她的语言专业性强，表达紧凑，节奏也快；她能确保学生听明白她的指导语；她还能向学生清楚地讲解课堂活动的一些转换和过渡。可是据朱莉娅描述，她的课堂上仍然笼罩着一种焦虑不安的气氛，而且这种气氛每天都会从走廊那里如期而至，扰乱课堂的进程和学生的注意力。而学生也在利用校长办公室陷于混乱、疏于管理的局面不断地散布流言蜚语。在朱莉娅看来，她的学生对学业并不专注，人心惶惶。那么，她怎样才能让他们重新步入正轨并且一心一意地学习呢？她又该如何推进班级向前行进呢？

对朱莉娅的课堂进行录像

我们对朱莉娅的课堂进行了录像，并且和她一起回顾了录像的内容。一个很明显的问题是朱莉娅需要和所有的学生进行更多的课堂互动。通过观察和分析，我们发现她班上的学生中所蔓延的不安定情绪并非只是由于校园丑闻散布导致的。朱莉娅和学生们的互动并不均衡也是导致问题产生的一个原因。在课堂上，她并没能将每个学生都同等程度地吸引到自己的讲述和讨论中去（或者没能使他们进入深层次的思考），那些对她所提出的话题并不关心或者关注不够的学生还在津津乐道于学校的热门事件。只有部分学生能够紧紧跟随她的课堂节奏，而另一部分学生则需要被激励和重新引导。

转入更高层次

朱莉娅，还有我们很多教师都该在课堂管理方面向前迈出一大步了。也许，“增进课堂的互动”算得上是6步法中最难的一步了，其关键在于强化并增加师生之间和学生之间积极的和富有成效的互动。实现这一步不仅需要付出辛劳、不懈的努力，还需要有清醒的认识、一贯的坚持以及将其实现的强烈愿望。除此之外，根据你在课堂管理方面的能力和课堂的实际状况，你还需要有吃苦头的思想准备。在第1步到第5步作为铺垫的基础上，“增进课堂的互动”这一步对于帮助你创造良好的学习环境意义重大，而且，做到这一点还会使在课堂上难以绝迹的混乱现象大大减少甚至销声匿迹。

课堂的灵魂、韵律和节奏

其实很简单。课堂的灵魂就是你和学生之间、学生和学生之间的关系和互动，可是这种积极的、富有成效的相互关系和互动并不是自发产生的。不妨把你自己想象成一个管弦乐队的指挥，而且你正在指挥一大群的学生进行交响乐演奏，为了演奏的和谐，他们必须互动。正如本书的书名给我们的启示一样，你必须倾听课堂的声音。如果在你的课堂上师生互动此起彼伏，那么你听到的一定是一支十分美妙的乐曲；这支曲子不仅韵律优美、节奏明快，而且充满动感和激荡人心的力量，你甚至还会感受到它非常强大的魅力和冲击感。可是，朱莉娅的课堂既无韵律又缺乏节奏。像这种学生表现参差不齐的课堂就需要改进。

向朱莉娅发起挑战

两个挑战

我向朱莉娅提出的第一个挑战是随后的一周，在每次的课堂上都要和每个学生进行最少三次的口头互动（每班大约30人，每次课的时间为45分钟）。后来当朱莉娅的实习期结束，并已取得合格的实习成绩时，她悄悄告诉我，她认为我当初的要求近似疯狂。

似乎第一个挑战还不够，朱莉娅面临的第二个挑战是形成生生互动的局面，以此来提升课堂的整体交流程度，增进每个学生的归属感并最终提高学生的整体思维水平。具体做法是只要可能，就要求某个学生及时回答另一个学生的问题。在发起挑战一周之后，我们又一次对朱莉娅的课堂进行了录像。结果表明，这个时候，她的课堂已经完全今非昔比了。

互动增加以后

为了实现更多个体之间的互动，朱莉娅最初的尝试显得很蹩脚而且有些强制的意味。可是一周以后，朱莉娅再去实践这些却已经显得轻松自如了。她迅速地接连问道："苏茜，你的结论是什么……""托德，你是否还能补充一些你自己的观点？"随后又问道："亚当，为什么会出现这个问题？"在那一周的前两天里，她努力解决和学生进行口头交流和眼神交流的问题，然后就转入了增进生生互动的环节。

"格里，请你向苏茜解释一下你对她的发言的补充观点，请在讲话的时候辅以眼神的交流，谢谢。"她还说："提姆，请对约翰的发言做出回应，回应时请看着约翰。"然后，她提升了思维的梯度，索性问道："布列塔尼，向康纳提一个批判性的问题，让他能够换个角度去思考那个话题。"

结果

课堂的节奏明显加快了，学生的注意力更为集中、学习积极性大大提高了。总体看来，课堂的生机有了非常显著的变化。不过这次试验也不是没有麻烦。学生们发现互相之间进行眼神交流很困难，他们常常会爆发出咯咯的笑声。虽然这方面有待改进，但学生们还是比以前更主动、更努力了。更重要的是，学生能够更加深入地互相讨论问题了。课堂的“心跳”正变得愈发强劲而有力。

暂时看来，生生互动的局面还需要朱莉娅的进一步指导，可是随着学期的推进，情况发生了很大的变化。当我最后一次去她的课堂访问的时候，那里的情形已经完全不同了。朱莉娅的精力更加充沛了，看上去她俨然是一位成功的资深教师了；最重要的是，学生们表现得更合作，关系更密切，更像一个班集体了。他们正在进行常规化的建议讨论活动，讨论如何增进相互之间在研究、讨论和为校报撰稿方面的合作。他们甚至不需要朱莉娅呆在教室里就能很好地表现自己。她的课堂俨然已经变成了一首独一无二的乐曲。它的“心跳”强劲而又有力。实习期结束的时候，有好几家单位都向朱莉娅发出了工作邀请，她成功了。

你要面对的两个挑战

1. 在 50 到 60 分钟内与每个学生互动两次

如果你是一名小学教师，第一个挑战就是每个小时内都要和每个学生进行最少两次的口头互动（我已经将这一点熟记于心了）。这意味着你每天要和每个学生进行大约 12 次直接的(使用姓名并传递眼神）口头交流。如果你是初中或者高中教师，在每天课上 50 分钟内或者课间休息时，你最少要和每个学生进行两次互动（使用姓名并传递眼神）。你想成为促进课堂互动的高手吗？那么，不妨亲自实践一下吧。

2. 增加生生互动

仅有你和学生之间的互动是不够的。第二个挑战是促进和增加学生之间的互动，使他们感到互相之间的关联和集体归属感，体会到自己具备相应的能力并能互相学习。

对于小学教师而言，最初每天尝试开展10到20次的生生互动，以后逐渐增加即可。对于初中和高中的教师而言，初始目标应该是在每个课时都要开展尽可能多的生生互动（具体次数还会受到所涉及的学生、班级和安全状况的巨大影响）。

应对这些挑战的最终目的在于让学生能够尽早地、熟练地主动互动，从而促成有效的、文明的、没有干扰的课堂的产生，而且即使在你不介入和不干预的情况下，学生也能够高度投入并且开展有效的学习。一旦你已经建立和巩固了这种联系，增进了学生的归属感，你就可以越来越少地介入这些活动中，课堂出现混乱和干扰的情况也将不再重演。

如何开始

对你的课堂进行录像

像朱莉娅一样，对自己的课堂进行录像。不过，你可能需要获得许可之后再行动。要向校长解释清楚你此举的目的在于着力增加积极的课堂互动并提高学生的课堂参与程度，使他们能够专注于课堂任务并最终学到知识。你还要向校长保证你所录制的课堂录像将仅供教学之用，而不会被流传到其他的任何地方。要做好应对各种不同反应的准备：

1. 有些校长会对此请求做出一揽子许可，所以你将无需申请进一步的许可。许多学校已经习惯于让教师对课堂情况进行录像，尤其是在某个班级有实习教师任教的情况下。有些州，包括肯塔基州、康涅狄格州和纽约州，甚至要求所有新任教师都要执行这个环节。

2. 只要家长们同意，校长就会许可你的请求。这意味着你要给每个学生的家长写一张小纸条，说明你录制课堂录像仅仅是为了教学的目的，并请求获得家长的许可。如果有家长不愿意签字认可，你就要确保他们的孩子不要出现在镜头中。

3. 校长可能并不会坦然直言“不行”。也许你们学校有过这一类的法律争端，也许在有些学校会有一些被“保护”的学生，如果露面，这些学生就可能面临危险。

如果获得了许可，先将你当前课堂的情形录制下来，然后如上文提到的两个挑战一样，开始增加师生之间和生生之间的互动。一个星期以后，再次对课堂进行录像。记住要向学生解释你的行为及其理由：你此举的目的是为了增进你和他们之间的互动，从而确保每个学生都能平等地参与到课堂活动中来，也确保你自己能够搞清楚哪些学生能、哪些学生不能理解课上的内容，并以此把握课堂节奏的快慢，最终使课堂成为学生乐意参与进来并能真正获得知识的地方。你要向学生解释清楚，增加生生互动的目的在于加强学生之间的联系，从而使他们能够更好地相互学习。把增加互动之前和之后的录像内容进行对比，找出需要改进之处，然后继续增加互动，再次进行录像。

你能从录音带中学到很多知识

如果你所在的学校不允许录制课堂录像，不妨让录音带来帮助你。你会从中学到很多东西。把录音设备放在教室靠后的位置录音，你就能清楚地知道自己在做些什么，说些什么，就能知道课堂互动是否有所增加，你还能通过这种手段知道学生们倾听其他同学回答问题的情况。例如，教室前面的学生回答你的提问，你能听清他的回答，教室后面（录音设备附近）的学生回答问题，你就不能听得很清楚。如果情况果真如此，你同样不能从录音带里很清楚地听到他的回答，如果是这样就表明你面临着一些问题，正是这些问题致使你的课堂出现干扰、混乱、迷惑、进展不畅等麻烦。

课上听不清楚的学生就是潜在的干扰者

如果坐在教室后面或者其他地方的学生不能听到同学对你提出的问题所做出的回答，或者也听不到别人对其他同学所提出问题的回答，你就要设法做些改变。发言的学生要更大声、更清晰地讲话，你也要经常检查远处的学生是否能够听得清楚回答问题者的讲话。不要这样发问：“约翰，你能听得见吗？”因为这种提问只能提供给你极少的有用信息。不管自己究竟能否听得见，约翰都可能会说“能”。相反，你要提问他一些刚刚讲过的话的内容或者让他多讲一些有关的内容，从而确定他是否真的听到了。如果听不见，学生就不能参与到课堂活动中去，除非采用不良手段。

会出现什么问题？

教师有各种各样的理由来避免自己和学生之间或者学生相互之间发生互动。有些人会说自己没有时间；有些人会说学生需要独立完成任务；有些人会说学生太过稚嫩尚不能应对这样的挑战。还有人认为，根本就没有必要这么做。实际上，尽管不说出口，我们也知道问题的症结就在于一旦放弃控制权，教师就会感觉不舒服，就会因为无法预见学生们在互动活动中的表现而感到自己很微弱。

不想要的或者不希望出现的回答

新任教师和职前教师总是最想逃避课堂互动的教师。他们相信，如果自己能够避免和学生，尤其是和那些边缘化的学生发生互动，就能够消除学生做出错误的、不恰当的甚至对抗性回答的机会，就会防止课堂上出现干扰和混乱的现象。否则的话，教师就会不知所措或者无以应对，那简直就是自讨苦吃。所以他们相信，只有避免学生之间发生互动才能预防产生招致麻烦的行为，而这些行为包括学生不执行课堂任务、失去纪律约束等。要实现课堂互动的增加，你就必须克服对这些问题的恐惧，因为如果互动不足，无论你有多么丰富的教学经验，课堂上都会出现和教师只关注四五名学生时一样的问题。也就是说，整个课堂就会出现生机和活力表现不均衡的问题，具体描述详见第 2 步中的同一话题部分。

应对不希望出现的和不想要的回答的方法——参看附录部分

为了缓解一想到要增加互动就会出现的不安全感和慌乱感，本书特地在附录部分提供了学生可能会在你应对挑战的初期所做出的四种反应，它们或者很平常，或者有些唬人，或者暗藏杀机，让人不安。不过学生所反映的问题并非不同寻常或者无法应对。只要你能明白他们所说的问题并随时准备对其做出迅速的、强有力的和明确的回答就可以了。因此，附录部分还提供了教师们针对这些反应所做出的回答。这些回答不仅具有积极的效果，还能使教师在不受威胁和脆弱压迫的情况下不断提升课堂互动的层次和力度。就是在镜子前面演练这些回答也不会让人难为情的。

如果学生发现你在掌控课堂而他们根本无力左右你的既定目标，他们就会停止做出各种蓄意干扰课堂的对抗性回答。果真如此的话，学生很快就能习惯这种互动的过程，你也将能够顺利地、愈发持久地吸引学生的注意力，让学生更为平等地、高质量地参与到课堂活动中来，并增强班级的集体感，减少课堂干扰，从而使学生真正地从你的课堂里学到知识。

另外两个问题

然而还有另外两种情况值得思考，它们不仅会影响你的课堂进程，影响你增进课堂互动，还能引发另一种形式的课堂混乱现象。

轻微的课堂混乱

课堂上的混乱现象和不满情绪并非仅仅表现为朱莉娅的课堂上所出现的吵嚷、偏执、不敬、粗鲁、注意力不集中、学生参与程度不均或者过低等明显的形式，正如上文所述，学生甚至会设法让你偏离正轨，从而不再让他们参与到课堂活动中去。混乱和不满还可能以更为微妙的、不外显的形式表现出来，让人难以识别。可是，无论对于学生个体还是集体而言，这些表现对他们的身心健康、注意力、学习效果以及整个班级的精神面貌等各方面都会产生消极的影响，甚至还会破坏你增进课堂互动和提升班级活力的诸种努力。

要考虑到那些害羞的和不参与课堂活动的学生，因为他们总是处在班级的边缘，总在设法逃避参与课堂活动。往往是一个班级有多么强健，就有多么虚弱，所以你绝不能无视这些学生的存在，不要指望他们会突然长大或者企图建立一个人人都想参与其中并能积极互动的理想化的学习环境。如果班里还有学生没有参与到课堂活动中来，课堂秩序就算不上完好，你就要进一步探索解决这个问题的方法。

让我们来认识一下杰克。

杰克

杰克是一名 9 年级的学生，我为他们班讲授美国历史课。起初我并没有意识到他有多么害怕在全班同学面前发言，他甚至连被别人注意到都会害怕不已。他希望能躲在一个永远被人遗忘的角落。当他第一次不得不在全班同学面前发言的时候，他竟然跑出教室大哭起来。其实，并非只有像沙里那样的3年级学生才会哭鼻子。后来，我先找杰克单独谈话，然后又和班里的其他学生进行了交谈，大家一致同意并且决定以后要让杰克站在同学们的面前做课堂陈述，而不是躲在教室后面的角落里小声地发言。

随着学期的推进，每当必须做陈述的时候，他都会往更前面的一排移动一次。每一次他都是面向教室前面的墙壁而不是其他同学讲话。到5月末的时候，他已经坐到了第一排可仍旧是在面壁讲话。当他就要做陈述的时候，我问他是否准备好了，他回答"是的"，随后，让每个人都震惊不已、掌声雷动的事情发生了，只见他转过身来，咧嘴笑着面向大家。对他而言，这一切简直就是巨大的成功。对全班同学而言，这也是一份莫大的惊喜。这个班级的"心跳"的确是越来越响亮和有力了。

害羞的学生

大多数害羞的学生并不喜欢你增加课堂互动，并不想要你关注他们，不喜欢和其他同学发生互动。正因为如此，你更要带领他们加入到充满活力的课堂活动中来。哪怕学生反对参与课堂活动，你也有责任想方设法和他们打交道。所有的学生都需要有自信心，或者有感受到自己的自信心正在增长的需要。如果你能够成功地让他们参与到课堂活动中来，让他们因此感觉到自信，那么不仅是这些学生，甚至整个班级的面貌都会焕然一新。有时候，达到这个效果需要整整一年的时间。

你会找到自己与害羞学生打交道的方式。不要避开他们，这不能帮助他们成长、让他们有归属感，也不利于他们的学习和使整个班级成为有成效的整体。

表现漠然的学生

除了像杰克这样害羞的学生，还有一些学生根本就不想和你、和其他同学有任何联系，他们就是漠视课堂活动的学生。这些学生从来就不愿意与人合作。后文的小插曲就是讲两个被疏远和表现默然的学生的故事。这两个学生不仅在班里没有朋友，不和任何人讲话，他们两人之间也从不互相讲话。在菲尔的班级里，正是由于自我封闭导致的这种孤立状态的存在以及同学之间极度缺乏交流致使课堂出现了混乱。幸运的是，有一天，当菲尔让学生开展“国家历史日”活动的时候，这种情况却突然地开始好转了。

“国家历史日”活动

“国家历史日”活动是一项贯穿5到12年级的活动，活动的核心是让学生对某个一年一度的主题活动进行研究和分析。完成个人的研究分析过程之后，学生们要整合出一份展示品来和其他学校、地区、州的学生进行竞赛。最高级别的国家级比赛于6月份在马里兰大学展开。展示可以由一人或者由最多五人组成的小组通过书面文章（仅限于个人使用）、媒体播放、表演或者桌面方案的形式进行。

为了完成对国家历史日活动的综合性研究工作，我曾经走遍了美国的很多地方，其间到过一些很有意思的地方，也因此接触了一些魅力十足的教师和学生。下面的故事就是我对菲尔——一位有 15 年教龄，而且参与国家历史日活动已有两年之久的教师——进行采访时的所见所闻。

菲尔

背景

当年国家历史日活动的主题是"成功与悲情"，菲尔要求每个学生都要和其他同学共同完成研究课题，不得有任何人单独参赛。原因是那一年菲尔总共有 150 名学生，如此众多的人数显然使得他已经不可能对他们进行个人化的活动督导。菲尔任职的学校位于一个大都市的市郊，他班里的学生几乎都出自工薪阶层家庭，其中有 98% 是白人，2% 是黑人。

选择

菲尔建议（虽然这个计划未必高明）学生们自主选择小组成员。学生们很快组合完毕了。跟平时老师让他们选择小组成员时的情形一样，总会有人被丢在一边。这节课上，布莱恩和约翰就被丢在了一边。

约翰是一名转学过来的高二年级学生，由于他先后所在的两所学校的课程设置顺序不同，他不得不跟着高一年级学生上世界历史课。他因此情绪低落、脚步沉重，显得很不开心。布莱恩有心理障碍问题，只是偶尔才来上学，可是当天他恰好来到了学校。其他学生都做出了自主选择，只有约翰和布莱恩这两个无动于衷的学生没有被任何人选中，于是，他们俩就被默认为一组。

研究项目进展情况（及其不足）

本赛区的比赛将在两个月以后进行，学生们努力地准备自己的参赛项目，其刻苦程度出人意料；不过，不包括布莱恩和约翰。尽管他俩什么也没做，菲尔还是坚持和他们呆在一起。有一天，他要求他俩放学后留校以确定他们小组的活动方案。布莱恩和约翰倒是都留了下来，这本身就有些让人惊讶，可是这二位却互不搭话，于是菲尔就充当了他俩的交流中介和联络员。一小时之后，他俩终于确定了自己的题目——“雅典与斯巴达”，并决定由约翰负责研究有关雅典的问题，布莱恩研究斯巴达的相关问题，顺利的话，他们将在以后的某个时候合作分析这两个城邦所历经的历史荣辱与沧桑。

一周后，为了查看其进展状况，放学后，菲尔又一次让他俩留校，可实际上，他们根本没有任何进展。当天下午菲尔要求他俩必须为比赛准备出一份演示方案。又一周过去了，他们仍然什么都没做。于是，菲尔那天下午又让他们留校，可是仍然不起任何作用。终于有一天，约翰带来一个自己做的 1.8 米高的三折木架，每两折之间用铰链连接。他把木架放在教室后面，直到比赛的前一天晚上，那木架一直被撂在那里，似乎不存在一样。

比赛在周六举行，那天学校用一辆公共汽车把学生和他们设计的作品运送到位于邻镇该赛区的赛场。菲尔明白布莱恩和约翰不会出现在赛场上。公共汽车开来了，布莱恩和约翰果真没有出现。

在赛场上

凯迪拉克车的到来

学生们在一间地下室里搭建起参赛作品展示台，这间地下室四周都是玻璃墙壁，由此处向外看去，可以看见与它同高的通往学校后面的车道。就在菲尔忙着给带着参赛作品的学生拍照的时候，他突然看到有辆小汽车停在玻璃墙外。他认识这辆车；这所高中的学生都认识这辆车。它就是约翰的那辆老式的、别具特色的黑色凯迪拉克·埃尔多拉多，这是一辆1957年款的汽车，车尾部有尖尖的尾翼。当约翰从车里出来、打开行李箱、他那个巨大的作品出现在菲尔面前的时候，突然间，菲尔的脑海几乎变成了一片空白。

这还不是最让人震惊的一幕。当乘客门突然打开、布莱恩从中一跃而出的时候，菲尔几乎难以相信自己的眼睛。此前，这两个年轻人既没在班里跟对方讲过一句话，也从未一起谈论过参赛作品的事情。那么，到底是谁先联系的谁？他们都对对方说了些什么？他们是怎样完成参赛作品的？谁都出过什么样的主意？这一切到底是怎么回事？他们的研究项目是如何在校外进展的？他们究竟有没有实质性的成果呢？

难忘的握手

他们把自己设计的作品从行李箱里拖出来，然后把它拖进玻璃门。此时，一年来对这两个学生几乎已经耐心殆尽的菲尔冷不丁地对他们说："快点，把它放到展示桌上，评委们就要进来了。"

他俩把自己设计的作品放在了桌子上。这时候，虽然对他们仍然有一丝偏见，菲尔还是让他们站到自己的作品（菲尔将其描述为他所见过的最为拙劣的设计）旁边去以给他们拍照。只见布莱恩板着脸站在作品一侧，约翰同样面无表情地站在另一侧。他们什么也没说。菲尔只是简单地问了句：“这已是你们的最好姿势了吗？”这时，最激动人心的时刻来了，只见布莱恩和约翰几乎同时转而面向对方，两人的脸上都露出淡淡的笑容，他们握住了对方的手。这张照片一直被菲尔所收藏。

故事的意义

第一点

在关于如何防止课堂发生混乱、干扰和常见的破坏性行为的书籍中，最为重要的一点是：无论多么微不足道的进步，哪怕是像布莱恩和约翰身上发生的微小变化，都能表明你正在朝着一种问题和干扰愈来愈少而稳定性、平衡性、趣味性和有效性却越来越强的良性学习环境前进。课堂管理不是对学生进行彻底的约束，而是通过一定方式的管理从而使学生都参与到课堂活动中来，使纪律约束越来越少，使自主学习成为主要的学习活动。课堂管理重在预防，而不是后发制人。它应该是一种积极的方法。通过管理使学生学会互动与合作，是在课堂管理之路上迈出的最为重大的一步。你的班级到达这个水平之后，不仅你自己，其他人也能感觉到它强劲有力的“心跳”，而不再是断断续续的、混乱的“心跳”了。

第二点

> **悬挂于普林斯顿大学爱因斯坦办公室里的一句话**
>
> 本该有价值的事情未必真有价值；真正有价值的事情却未必被认为有价值。

布莱恩和约翰的故事不是一个失败的案例，而是一个巨大成功的范例。教学的意义绝不仅在于帮助学生掌握和理解学科知识。如果说他俩的设计还能说明什么的话，那就是布莱恩和约翰并没有掌握很多关于雅典和斯巴达的知识，他们也没能给出关于这个话题的任何分析。但是，他们的确学到了一些与他人交往的本领。在千头万绪的教育计划中，这只是个开头。可是，考虑到这两名学生的实际情况，这些进步简直具有里程碑式的重要意义。

这个故事的意义不在于布莱恩和约翰取得了怎样的成绩，而是他们的成长，这种成长从此以后将给这个班级带来愈来愈健康、愈来愈强劲的“心跳”，它还能使这个班级的学生以更加开放的态度对待学习，更少出现课堂混乱和注意力分散的现象。与罗马非一日能够建成同理，要通过特定的课程和事件增进学生的课堂参与度和学生之间的互动，并依此来重新打造和构建一个班级也是一个缓慢的过程，所以要一次一小步、一步一个脚印地前行。增进学生之间的互动并非易事，让学生能够进行顺利和有效的合作也非易事，但是这些小小的步子一定会越迈越大，越迈越快，学习也有挂上快挡的一天。在菲尔的坚持下，布莱恩和约翰终于迈出了第一步。

结果

国家历史日活动之后

尽管国家历史日比赛活动要求学生独立完成参赛作品的设计和相关研究，但是比赛规则还是允许和鼓励学生寻求并考虑采纳包括评委在内的其他人的建议。在前文所述的地区级比赛中，菲尔的一组学生以自己关于“爱尔兰饥荒”的项目设计获得第三名。这意味着随后他们就要为三个月后举行的州级比赛做好准备。为此，菲尔每周都会安排一个专门的时间用于全班学生集中策划进一步的取胜计划。

这不仅是全体学生学习爱尔兰饥荒所造成的悲喜与沧桑的一次机会，也是他们结成小组合作解决问题的一次机会。首先，他们可以共同讨论饥荒这个学术话题以及怎样在设计方案中展示和分析该话题；其次，他们可以就改进设计方案提出更进一步的建议。最早设计该项方案的三名学生每周都会带来有所变化的新方案；然后，他们会在菲尔的指导之下和同学们组成更大的团队来讨论各种可能的修订方案。

约翰和布莱恩怎么样了？

约翰和布莱恩也参与进来了吗？是的，虽然表现得有些犹豫不决，也不能定期参加，可他们的确参与进来了，尤其是在小组活动的规模还要更小一些的时候。这一轮项目设计活动有力地增进了班级的凝聚力，而约翰和布莱恩也下意识地，或者是因为受到参加区级比赛的鼓励而真心实意地想要参与进来。这个班级正在变成一个坚不可摧的集体，而每一个学生都是其中必不可少的一部分。

最终目标

同朱莉娅和菲尔一样，你的最终目标也是拥有一个节奏强劲、充满生机的班级，在这里，可以迸发出积极的学生互动、产生巨大的能量并激发有效学习。对于整个班级而言，你的目标是让它拥有每个成员都能感受得到的健康的、活力四射的“心跳”。你班里的学生都将感受到这种“心跳”的力量，旁观者也将感受到这种力量，甚至连任何一个从你的教室门口经过的人都将会感受到这种力量。正如学生不听讲你就无法教学一样，只有每个人都能感受到并且成为自己班级“心跳”的一部分时，你才能成功地教学。

小结：第 6 步

1．在每 50 到 60 分钟内通过姓名和眼神与每个学生做两次互动，以此形成与学生个体之间的更好互动。

2．通过以下方式引导学生之间的初始互动：

⑴ 让第二个学生就第一个学生所做出的回答进行详细说明或者提问（或者回答第一个学生的提问）。

⑵ 让第二个学生直接与第一个学生交流而不是与你交流。

3．把互动过程融入到班级性的活动中去，以此延伸互动的范围。

4．增进互动的时候，要注意害羞的和表现漠然的学生，给其格外的关注。

5. 记住行为暗示。

6. 感受和拥抱你班级的“心跳”。

现在该怎么办？

现在，6 步法的内容你已经悉数尽知了，可以使用它们去创造安全的、积极向上的、富有活力的课堂了，你的课堂将会气氛热烈、成效卓著、活力迸射而不是一团混乱。如果你想改进你的课堂，那就开始吧！因为这件事情从什么时候开始都不算晚。无论你是尚在实习期的实习教师、从教第一年的新任教师，还是已经有 25 年教龄的老教师，只要你想改变自己的课堂状况，你就一定能做到。如果你认为自己的班级已经非常混乱和无序，不适合去尝试 6 步法中的任何一步，那就请参看接下来一部分——“在非常乱班实践 6 步法示例”的内容。在那里，你会找到一些从头开始改进你班级的好办法。

在非常乱班实践 6 步法示例

哈里

背景

我是哈里在学生时期实习期间的督导教师，就是在那时候我认识了他。他聪明伶俐，热爱历史，而且对即将开始的实习颇感兴奋，正是那段经历促使他最终能够教授两个班级的世界历史课和两个班级的美国历史课。他实习时所在的那所高中的学生基本上都来自中等和中等偏上阶层的家庭，他所教的班级里既有高一年级的学生，也有高二年级的学生。学校坐落在一个大约有 4 万人口的郊区城镇里，其中人口的 95% 是白人。哈里的班里全都是白人学生。

最初几周，哈里对学生进行了观察和了解，制订了一些计划并讲授了一些课程。在这段时间里，指导教师和他一起呆在教室里，可以想象指导教师把班级交由哈里一个人管理的时候，学生的表现有多糟糕。可是实习教师必须在学生中确立自己的领导地位，为此，指导教师必须离开这个班级较长一段时间。哈里看起来是在不断进步，但是在我第五次到访他的课堂时，发生的一件事情险些毁掉了他的职业生涯。

哈里的满当当的教室

教室里坐满了学生。每套桌椅都有人在座，有些学生体型高大，看起来就像永远陷在连桌椅里一样动弹不得。不单单是座位上坐满了人，给人的感觉好像是比平时还多出来了一排学生一样，只有很窄小的过道供人行走。我所找到的唯一能够安坐的地方就是装在教室后窗台边的暖气片了，而且我还得把录像机也支在那里。哈里正在和学生进行考试前的复习，他站在一张被贴在墙上的地图前面，一边提问一边指点着并做着标记。

哈里很是为自己给那张下拉式地图所做的塑料包膜而自豪。它使学生能够用标记笔在上面标明路线、位置和方向。有那么一段时间，学生还能够专心听讲并回答哈里的提问。虽然他在点名叫学生回答问题，但是由于提问时间过长，学生的专注程度开始下降，麻烦随即开始出现了。有一次，当一个学生回答哈里提问的时候，离我很近的一个学生就粗鲁地喊了一声。即使当时我还在教室里并且在进行课堂的全程录像，可这一喊还是让哈里发生了不小的动摇。

哈里的错误：最后通牒

“下一个制造干扰的学生会被惩罚去校长办公室。”哈里拿出了他的撒手锏。大多数教师都明白如果你要发出最后通牒(不到万不得已，不建议使用此招)，就要一直坚持使用这份威胁的力量。哈里也做到了这一点。哈里还在继续讲课，没过30秒钟，又有一名学生大声地发出了奶牛一样的“哞……”的声音。由于早已经有言在先，哈里别无选择，只能让那个学生去校长办公室。当他好几次试图与哈里争辩的时候，哈里每次都只是重复：“去校长办公室。”所幸哈里懂得不要和学生发生争辩，因为此举往往会得不偿失。可是这一回，哈里差点在这点上发生动摇。多亏五分钟后下课铃响了，才使他没有犯这个愚蠢的错误。

哈里的课堂危机和课堂改进

那天晚上，我接到了哈里打来的电话。他告诉我他已经从学校回到了家里，可还是忍不住一阵呕吐。他已经决定不再返回学校，他要放弃教书的工作，还有实习成绩和教师资格鉴定。一阵交谈之后，我总算说服他第二天要返回学校，最起码做到给指导教师打个招呼。他的确回到了学校，经过和指导教师促膝长谈，他俩共同提出了一个改进课堂状况的计划。如果你认为自己的课堂已经混乱不堪，那么，我建议你也可以将这条建议灵活应用到你的课堂。

写给学生的一封信

哈里和指导教师一致同意由他给班里的学生写一封关于课堂情况的书信。哈里在信中指出，曾经出现在课堂上的不文明行为，包括噪音和干扰都是他所不能接受的，是不利于创设文明和有效的学习环境的。他告诉学生们，他很关心他们的学业和社会处境，所以他请求他们帮助他寻求课堂出现问题的根源并能与他携手解决这些问题。

哈里鼓励每个学生都给自己写回信，并在信中描述他们课堂的想法、分析他们行为表现。此举的意义在于让所有的学生都能参与解决本班所面临的问题，在于他给了学生发表自己想法的机会。

学生的回信

学生给哈里写了回信，哈里在回信中附上自己的回复后，将信一一又寄给了学生。从这些来信中，哈里不仅了解了学生的想法，而且对自己、对课堂的精神面貌、对青少年的整体认识也更加深入了。学生来信主要有以下三个重要的主题。

主题一

学生们鉴于曾使哈里不愉快并给他造成了感情上的伤害而向他致歉。但是,大多数学生并不明白自己也是问题的制造者,而是在代表所有的学生表示歉意。

其中，有些信中表达了对哈里的过高期望，有些则表达了过度的赞扬，大多数学生把问题归咎到了少数同学的不成熟上。除了其中的两封之外，其余的这个主题的信件都是出自班里的女生之手。这些信件中提出的解决问题的方法包括建议学生努力改进自身表现、推荐哈里采用留校惩罚甚至体罚等内容。

主题二

带有明显防卫意识的半心半意的道歉。其中有些学生认为,哈里这么做的企图若不是诚心给他们找茬儿，就是让全班学生做少数几个捣蛋鬼的替罪羊。这个主题的信件全部出自班里的男生和一名女生之手，他们把问题归咎于教室里过度拥挤、这节课和吃午饭的时间离得过近和没有人真正愿意在教室学习等原因。这些学生建议哈里把问题解释清楚，不要对待事情如此严肃，也不要跟学生找茬儿，而是直接惩罚那少数几个表现不端的学生，他们还建议他去向真正的教师讨教。

主题三

共有五封信中关注到哈里还是个实习教师的事实并指出学生一般都不会给实习教师应有的尊重，这其中有三封信出自第一组、两封信出自第二组。

马克斯的回信

曾被哈里撵出教室的马克斯在回信中仅用一句话就概括了自己对问题的分析和解决办法：他要求哈里再去学习学习教学之道。

结果

这些信对哈里起到了积极的作用。虽然距离学期结束不远了，但是有了这封信中的交流，学生们的表现正在逐渐好转。重要的是哈里允许学生发表自己的想法了，他自己也从中学习到了非常有价值的东西。他给学生的回信表明他很关心他们，表明他真心地想让班里的情况好转，而且他以后将会关注他们的想法。在哈里做出这次尝试之后，其他的实习教师、新任教师和老教师也都纷纷仿效他的做法，而且都取得了同样的积极作用：这个过程使师生们从头做起，着力改变了他们原先那种不健康、不安全、吵闹而又缺乏成效的课堂状况。

将哈里的方法条理化

如果你感觉哈里给学生写信的方式对于改进课堂管理的效果不明显，那么还有一种方法能使学生在受到更多制约的条件下提出自己的意见：将没有完成的两句话打印在一张纸上，每张纸空出一半留作学生接续之用。

叙述 1：这堂课上最让我喜欢的是：

叙述 2：如果我是教师，我想改变的是这堂课的：

叙述 2 要求学生能够负起责任，积极思考，努力为了使课堂向积极的方向发展和根除消极的、不当的课堂回答而献计献策。总有学生的回答会偏离主旨，但这种回答往往是很容易辨别出的。它们甚至能为你提供很多关于个别学生的富有见地、很有帮助的信息。

低年级教师也可以使用哈里的方法，但是不要让学生通过写信的方式反映问题，可以要求学生通过画画的方式来反映问题。

克拉拉

背景

克拉拉是一位实习教师，教授 2 年级的课程。她所在的那所学制从幼儿园到 5 年级的小学还处在成长阶段。学校坐落在一个大约有 7600 人的郊区小镇上，其中 98% 的居民是白人。实习的前两周，克拉拉要观察班里的情况，了解学生和上课的程序。第二周，我对她进行了第一次督导访问，并且利用这次机会向她介绍了我自己，和她一同回顾了实习期间的各项要求。同时我们也一起坐在教室后面观察学生的不良表现和授课教师的课堂回应情况。

问题

学生并没有把心思用在课堂任务上，有人在弹射橡皮筋，有人在互相拽对方的头发，有人在给别人编辫子；有人干脆把脑袋枕在课桌上。各种情状，不一而论。任课教师威胁说如果每次发现有学生表现不端，她就会在黑板上画出一张脸的一部分。如果完成了一张完整的脸，学生就会丧失一次休息的机会。只见一个纸飞机跌落在教师的讲桌上，她于是画了一只眼睛上去。有个男生突然嘲笑起某个同学的一句话来，她又画上了另一只眼睛。有个女生被同桌踢了一脚，她猛地躲避了一下，那位教师又把鼻子添了上去。没错儿，一张脸很快就画完了。

克拉拉惊恐地看看我，她不知道该怎么办，也不知道如何看待这种情形才好。可是，课堂里的不端表现还在继续出现，教师的反应一如既往。那位教师并没有考虑学生还会出现什么样的不端行为，就让所有的学生都把脑袋枕在课桌上，一直呆到下课铃声响起。教师把一个巨大的计时器立在讲桌上。教室里传来滴一答、滴一答、滴一答的响声。特别搞笑的是，当教师稳坐在讲桌前幻想学生这回该变得规规矩矩的时候，我和克拉拉却发现足有十根橡皮筋正在空中飞射。克拉拉明白，这种惩罚不仅不能帮助建立良好的课堂秩序和学习环境，反倒使学生更加胆大妄为起来。

克拉拉的方法

学生的画

从下周一开始，克拉拉就要给这个班上课了，她已经有几分被这些2年级的小学生吓住了。她该怎么办才能让这帮孩子听话呢？她又该怎么办才能让他们迷途知返、专心学习呢？我们先把哈里在他班上使用过的方法讨论了一番，然后我叫克拉拉将其调整并应用到她的2年级学生的身上去。克拉拉想了个好主意，一上课，她就让学生把课堂上自己最喜欢的东西和最想有所变化的东西画出来。谢天谢地，她的指导教师同意了她的想法。

学生想要有所变化的东西

哈里从书信中了解到了很多东西，克拉拉和那位指导教师也从学生的画中了解到了很多东西。好几张画中描绘的想改变的东西竟然是那位教师曾经画在黑板上的脸。有个学生在画出脸之后还在上面画满了线条。有个学生在脸的旁边重重地写上了“不要”。其他图画表现出的期望有变化的都是课堂的诸种不端行为——有几张画的是学生在弹射橡皮筋；有几张描绘的是学生正在干扰他人的情景；还有一幅画画的是一个学生正在把同学从椅子上揪起来的情景。在其中的一幅画上，所有行为不端的学生都掉进了一个大坑里。这些画的寓意显然不难领会。

学生喜欢的事情

画中描绘的受学生喜欢的课堂活动有围坐成一圈读书、由学生操作电脑、在没有分散注意力和干扰因素的条件下做事情。学生不喜欢没有管束的课堂，他们并不想蓄意捣乱，也不想受到惩罚，尤其不想因为少数人的行为而集体受到惩罚。学生想让教师引领他们；即希望教师能维持安全的课堂环境，全身心地投入教学，拥有渊博的知识，能善解人意并关心和体贴他人。

结果

和哈里的方法一样，克拉拉的方法也产生了积极的效果，它不仅给了学生表达心声的机会，也给了教师做出及时回应的机会。实际上，学生的表现随后越来越得体。克拉拉向学生解释了自己的所有课堂行为及其原因，他们很快就安下心来了，于是，克拉拉便开始完善自己的 6 步法教学策略，以使课堂环境向更为积极和卓有成效的方向发展。

额外收获

让学生给你写信（或者画画）的意义不仅在于你给他们提供了发表建议的机会和你让他们协助你来解决问题，而且使你能对学生个体、自身和班集体的各个方面都有更多的了解，了解的程度甚至超乎你的想象。你对学生们的情况、对他们的思考方式和内容了解得越多，越能创造出安全的和积极的学习环境，越容易产生出可行性强的、相关性高的、投入程度和水平层次都比较高的课堂体验。

从哈里学生的来信中能清楚地发现，一些学生要比另一些学生更为成熟，有些学生心怀愤懑，而哈里与班里女生和男生之间的师生关系的密切程度也有所不同。还有一点很明显：有些学生并不怎么尊重和信任哈里。在克拉拉的班里，因为学生在一幅画中表现出颇多的困扰，指导教师便把那个学生交与了学校的顾问处理。那么，你又能从自己学生的来信和图画中知道些什么呢？

轮到你了

现在，你已经拥有这些工具了，你已经拥有了6步法策略，而且，哈里和克拉拉还为你展示了强有力的补救措施。已经没有任何事情能够阻止你消除课堂的嘈杂和混乱了，没有任何理由阻止你自信起来，也没有任何障碍阻止你的课堂变得超乎想象的安全和富有生机。在接下来一部分内容中，我们将讨论这种新局面的意义。

开始行动吧!

开始

有几种不同的方法可被用于实现课堂的变化并将6步法付诸实施。具体采用哪种方法取决于你目前在职业生涯发展中所处的阶段。

师资培训课程和职前教师

如果你还是位职前教师，请在师资培训课程中实践这6个简易的步骤。这里应该是你实践6步法的第一个场所。许多师资培训课程都要求职前教师制订一份授课计划并给学生上一次或者多次课。如果你被要求在上课时实践这6个步骤，那么，你正好有机会将其运行过程熟悉一番。如果没有被要求，你也能实践这6步法的话，那么连教授都会认为你是个教学的天才。对于整个授课过程来说，这种实践是非常有价值的。

你还可以让教授看看这本书。在课堂里和教师培训课上实践这些步骤并不需要付出额外的努力。对这些步骤的应用不但能使即将成为教师的学生进行切身实践，而且能让他们亲眼目睹恰当应用这些步骤以后课堂爆发出来的不同以往的勃勃生机，以及他们从师伊始获得的骄人成绩。你又何乐而不为呢？

大学教授

质量指标

如果你是一位大学教授，可你却对如何帮助职前教师安排课堂管理进程没有十足的把握，那么，下面这个方法可能会对你大有帮助。一开始就将可以被仿效的学习体验的特点逐一列举出来。根据人们对职前教师课堂表现的种种期望，列举的内容应该包括对话题的理解、整合的技术、课堂的组织形式及在课上要称呼学生的名字几项质量指标。这仅仅是为了使这些身为职前教师的学生行动起来。如果学生正在模拟上课，告诉他们要按照以上质量指标合理评价彼此的表现。

同辈的评价

学生上完课以后，他们会向自己的同学（叫同学的名字）提出两个问题。出于以下两项原因，提问用语往往是相同的：首先能使每个学生的提问过程保持一致；其次这些问题本身就要求回答者承担起提出使课堂更富活力的建议的责任。这可以防止他们说一些刻薄的、消极的和没用的话。这两个问题是：

1. 对你来说，这次课的哪些方面本来可以更好？

2. 对你来说，这次课的哪个方面最好？

扩充所列举的内容

口头评价之后，班里的学生要综合大家对两个问题的回答来讨论有哪些新的质量指标应该被添加到列表中去，并以此使得下一位学生的课堂情况有所改进。

为了使后面上课的学生比前面的学生获得更为全面的课堂质量指标指导，每次课上都要重复这一过程。这样一来，到学期末，学生就能明白并逐渐形成和掌握形成魅力课堂的方法，他们还将懂得使用什么样的课堂管理技术和步骤才能使学习过程更为积极、更富成效（的确，最后上课的学生要比第一批学生承担更多的责任——你也猜得到，很多学生会自愿成为第一批中的成员）。我想，最后列举在纸上的课堂管理指标一定是这 6 个简易的步骤。

实习教师

实习伊始

如果你对师资培训课程中的课堂管理环节注意甚少或者根本就没有给予关注，那么这本书简直就是你的救星。方法是从实习伊始就开始实施 6 步法。如果是这样的话，你就能够把所有的步骤向学生解释一遍，并且能将步骤 1 到 5 同时付诸实践。

如果实习期早已开始

如果实习期已经过去一大半你才发现这本书，也还不算太晚。要使课堂展现出生机，什么时候采取行动都来得及。如果你还没有实施 6 步法中的步骤，或者实施过程不够连贯，或者你的课堂还不像哈里和克拉拉的课堂那样混乱、无序，那么，你不妨从第 1 步做起，要向学生解释你在课堂上实施这一方法的原因、它的运作方式以及这种方式下学生的角色。掌握该步骤之后，你就可以一步一步地融入后面的步骤了。

如果你已经把6步法中的一个或者更多的步骤应用到你的课堂，那么，就从你还不了解的某个其他步骤开始吧，掌握该步骤之后，逐步增加另外的步骤。如果你的课堂已经严重失控，而你感觉自己无法应对这种棘手的局面，那就请先仿效哈里和克拉拉的办法，然后再开始实施6步法。

新任教师

鉴于大多数教师任职还不到五年就会因为在课堂管理方面出现问题而辞职，当你发现这本书的时候，你也可能正因为深感无法应对、困难重重、孤独无依而打算辞职。如果你教书已经有一段时间，但还是不知道下一步该怎么做才能使课堂在你的掌控之中，你不妨从第1步开始，要向学生解释你做出变化的原因，并在掌握一个步骤之后继续向下一步进发。你要坚持这个实践过程，直到所有6个步骤都融入了你的日常课堂管理之中，并且已经成为你和学生自觉应用的管理策略。你也不妨和正奋力挣扎在课堂管理之路上的教师分享这本书。如果你认为自己的课堂已经过于混乱而无法实施这些步骤，请再翻阅“在非常乱班实践6步法示例”部分的内容，参考一下哈里和克拉拉改造他们班级的方法。在开始尝试这6步之前，先将他们的方法应用在你的课堂上。

资深教师

亡羊补牢，犹未为晚。无论你从教刚刚5年还是已经25年，只要你想改变自己的课堂状况，你就一定能做到。单就说服学生你将在课堂上应用不同的策略和程序这一点，你就需要一定的毅力。过去几年中，你已经为自己建立起一定的声誉（好的或是坏的），所以，你需要付出努力向学生说明你坚持变化的原因。从6步法中的某一步开始，将其完全掌握之后继续一边应用它一边添加新的步骤，直到这一步已经成为在你课堂上自觉发挥效用的法宝。和职前教师与新任教师一样，如果你的课堂过于混乱而无法推进6步法的实施，请再看看“在非常乱班实践6步法示例”部分的内容，参考哈里和克拉拉的做法并设计出类似的方法，然后在实施6步法之前，先将该方法应用到你自己的课堂上。

祝你一路顺风

祝你好运！你正行进在使自己的课堂没有破坏、没有混乱、没有干扰的道路上：你的课堂环境正在朝着富有安全感和充满关爱的方向发展，在这里学生将会主动学习，你的教学过程也将卓有成效。要敢于冒险。要让自己的思考不拘一格。记住：提出问题要比回答问题更为重要。请记住发生在爱德华·贝尔身上的情景：

> 爱德华·贝尔正在下楼。他跟在克里斯托弗·罗宾的身后，同时还在自己的后脑勺上梆、梆、梆地拍打着，这是他所知道的唯一的下楼办法。虽然他隐约觉得还会有其他的办法，而且只要停下脚步稍作思考就能想出一、二。

附　录

应对不想要的和不恰当的回答

以下情景经常会发生。当你把提问的对象从你一贯很信赖的那四五名主力学生转向其他学生的时候，你将不得不处理一些不想要的、不恰当的和预想不到的回答。这其中，有些学生是存心想考验你；有些纯属不会回答，但又不想暴露自己的无知，于是转而装出一副滑稽相——这种做法更容易被同龄人接受，这样一来，他们就不会做出错误的回答，也不用坦言自己不会回答；有些没有心机的学生会做出错误的回答；还有人压根儿就不想让你以后再叫到他们，所以他们索性将错就错地一直回答下去，直至你不胜其烦，以后不再提问他们（此情此景，究竟是谁在控制谁呢）。

避免所有这些不想要的和不恰当的回答的最好方法就是让学生结对子学习。给每对学生提供写完自己答案或者解决一个问题的机会。当所有学生都完成任务以后，你就可以叫任何一名学生来回答问题了。因为每个人都能做出回答，他们也不会感到自己十分脆弱。如果这个过程在你的学生身上或者在某些情况下不起作用，那么你就必须准备一些策略以应对学生做出的你并不想要的回答。实际上，大多数的回答都是以下四个例子的变体。

例子

学生回答在先，教师应答在后：

1. 学生："不知道。"

教师的做法可以是：

- 首先，放慢速度。也许学生的确知道怎么回答你的问题只不过他还不肯定。
- 和该学生一起努力，以不同的方式对该问题进行再次解释，给学生提供一些暗示。
- 让另一名学生帮助他——让第二个学生与第一个学生，而不是与你，进行口头的和眼神的交流。然后再检查第一个学生的理解情况。

2. 学生："我想那是芝加哥的北部。"（回答错误）

教师的做法可以是：

- 完全同情景 1。

3. 学生（声音沉闷地）："谁在乎这个。"（认为这并不算个问题）

教师的做法可以是：

- 很快地回答："我在乎，乔纳森，让我们来解决这个问题吧。"
- 到了这步田地，很少有学生会不合作。

- 如果有学生不合作，你就要更多地与其交流，以表示你关心他们每一个人，你需要了解他们的情况。

4.（上课伊始）学生："这堂……课。我不上了。"（学生把书扔在地上，一边跑出教室，一边砰地将门关上）

教师的做法可以是：

- 首先，事情已经发生，做好应对的准备。
- 其次，你应该马上告知教务人员有学生离开了教室。如果有内部通话系统，使用它与教务人员联系，要保持极端镇定，只讲重点，详情留到以后再说；如果没有内部通话系统，迅速将情况写在纸上并把它订起来，然后用平静的语气命令一个可靠的学生将其送往办公室。
- 然后，用冷静的语气心平气和地向班里的学生说明情况。尽管刚刚发生的事情不仅令学生也会令你伤心，但是你必须保持冷静。要让学生知道课堂并没有失控，课堂活动还将从刚刚停止的地方继续。

这些都属最常见的不想听到的回答。也许你还会遇到其他的回答，但是它们未必就会引发课堂危机。你的工作就是要让每个学生都参与到课堂活动中来，如果你能对这样的回答做出让人感到舒服的应答，那么，再叫那些被边缘化的学生回答问题时你就不会犹豫再三了。

参考文献

Alder, N. I., & Moulton, M. R. (1998). Caring relationships: Perspectives from middle school students. *Research in Middle Level Education Quarterly, 21*(3), 15–32.

Alliance for Excellent Education. (2005, August). Teacher attrition: A costly loss to the nation and to the states. *Issue Brief*. Retrieved March 2, 2008, from http://www.all4ed.files/archive/publications/TeacherAttrition.pdf (Search "teacher attrition")

Bandura, A. (1986). *Social foundations of thought and action: A social cognitive theory*. Englewood Cliffs, NJ: Prentice Hall.

Bandura, A. (1996). Multifaceted impact of self-efficacy beliefs on academic functioning. *Child Development, 67*, 1206–1222.

Banks, J. A. & Banks, C. A. M. (Eds.). (2004). *Handbook of research on multicultural education* (2nd ed.). San Francisco: Jossey-Bass.

Beane, J. (1997). *Curriculum integration: Designing the core of democratic education*. New York: Teachers College Press.

Bergan, M. (2007, January 25). California teacher turnover costs money, expertise. *Capitol Weekly*. Retrieved March 2, 2008, from http://www.capitolweekly.net/article.php?xid=wnom4vplkf4t6b&done=search

Blum, R. W., McNeely, C. A., & Rinehard, P. M. (2002). *Improving the odds: The untapped power of schools to improve the health of teens*. Minneapolis: Center for Adolescent Health and Development, University of Minnesota.

Brophy, J. (1996). *Teaching problem students*. New York: Guilford.

Charles, C. M. (2000). *The synergetic classroom: Joyful teaching and gentle discipline*. New York: Longman.

Christiansen, D. (1996). The professional knowledge-research base for teacher education. In J. Sikula, T. Buttery, & E. Guyton (Eds.), *Handbook of research on teacher education* (2nd ed., pp. 38–52). New York: Simon & Schuster.

Clark, R. J., et al. (1989). *The Math English Science Technology Education Project*. University of Massachusetts, Amherst,

Massachusetts. Project report summary submitted to the Office of Educational Research and Improvement in Washington, DC. (ERIC Document Reproduction Service No. ED 320 895)

Connecticut State Department of Education. (2005). *Handbook for the BEST program for beginning teachers.* Retrieved March 2, 2008, from http://www.sde.ct.gov/sde/search/search.asp?qu=videotaping

Cothran, D. J., & Ennis, C. D. (2002). Building bridges to student engagement: Communicating respect and care for students in urban high schools. *Journal of Research and Development in Education, 33*(2), 106–111.

Cothran, D. J., Kulinna, P. H., & Garrahy, D. A. (2003). "This is kind of giving a secret away . . .": Students' perspectives on effective class management. *Teaching and Teacher Education, 19,* 435–444.

Crosnoe, R., Johnson, M. K., & Elder, G. H. (2004). Intergenerational bonding in school: The behavioral and contextual correlates of student-teacher relationships. *Sociology of Education, 77,* 60–81.

Darling-Hammond, L. (2003). Keeping good teachers: Why it matters, what leaders can do. *Education Leadership, 60*(8), 6–13.

Davis, K. (1999). *A study of beginning teachers' perceptions regarding their teacher preparation programs.* Unpublished master's thesis. University of Minnesota, Minneapolis.

Denzin, N. R., & Lincoln, Y. S. (Eds.). (2005). *The SAGE handbook of qualitative research* (3rd ed.). Thousand Oaks, CA: Sage.

DiGiulio, R. (2007). *Positive classroom management* (3rd ed.). Thousand Oaks, CA: Corwin Press.

Dornbusch, S. M., Erickson, K. G., Laird, J., & Wong, C. A. (2001). The relation of family and school attachment to adolescent deviance in diverse groups and communities. *Journal of Adolescent Research, 16*(4), 396–422.

Emmer, E. T., & Gerwels, M. C. (2006). Classroom management in middle and high school classrooms. In C. M. Evertson & C. S. Weinstein (Eds.), *Handbook of classroom management: Research, practice, and contemporary issues* (pp. 407–438). Hillsdale, NJ: Lawrence Erlbaum Associates.

Ennis, C. D., & McCauley, M. T. (2002). Creating urban classroom communities worthy of trust. *Journal of Curriculum Studies, 34*(2), 149–172.

Evertson, C. M., & Weinstein, C. S. (2006). Classroom management as a field of inquiry. In C. M. Evertson & C. S. Weinstein (Eds.), *Handbook of classroom management: Research, practice, and contemporary issues* (pp. 3–15). Hillsdale, NJ: Lawrence Erlbaum Associates.

Foster, H. L. (1986). *Ribbin', jivin', and playing the dozens: The persistent dilemma in our schools.* Cambridge, MA: Ballinger Publications.

Foundation for a Better Oregon. (2005). Create safe and respectful learning environments. In *Improving Quality and Strengthening Accountability in Oregon's Schools: Fall Report*. Retrieved March 2, 2008, from http://www.chalkboardproject.org/images/PDF/QualityAccountReport.pdf

Gardner, H. (1991). *The unschooled mind: How children think and how schools should teach.* New York: Basic Books.

Geddes, H. (2007). *Attachment in the classroom: The links between children's early experiences, emotional well-being and performance in school.* London: Worth Publishing.

Gee, J. P. (2001). What graduates in education fear most about their first year of teaching. Paper presented at the Annual Meeting of the Louisiana Educational Research Association, Baton Rouge, LA, March 8–9. (ERIC Document Reproduction Service No. ED 454 161)

Hargreaves, A. (2003). *Teaching in the knowledge society: Education in the age of insecurity.* New York: Teachers College Press.

Ingersoll, R., & Smith, T. (2003). The wrong solution to the teacher shortage. *Educational Leadership, 60*(8), 30–33.

Irvine, J. J. (2003). *Because of the kids: Seeing with a cultural eye.* New York: Teachers College Press.

Jay, T. (1996). *What to do when your students talk dirty.* San Jose, CA: Resource Publications.

Jerald, C. D., & Boser, U. (2000). Setting policies for new teachers. *Education Week, 19*(18), 44–45, 47.

Jones, V. F., & Jones, L. S. (2004). *Comprehensive classroom management: Creating communities of support and solving problems* (7th ed.). Boston: Allyn & Bacon.

Kohn, A. (1993). *Punished by rewards: The trouble with gold stars, incentive plans, A's praise, and other bribes.* Boston: Houghton Mifflin.

Labinowicz, E. (1980). *The Piaget primer: Thinking, learning, teaching.* Menlo Park, CA: Addison-Wesley.

Lacina-Gifford, L. (2001). The squeaky wheel gets the oil but what about the shy student? *Education, winter.* Retrieved March 3, 2008, from http://findarticles.com/p/articles/mi_qa3673/is_200101/ai_n8929995

Ladd, K. (2000). A comparison of teacher education programs and graduate's perceptions of experiences. *Dissertation Abstracts International, 1, 61*(12A), 4695 (UMI NO. 9998491).

Marlowe, B. A., & Page, M. L. (2005). *Creating and sustaining the constructivist classroom* (2nd ed.). Thousand Oaks, CA: Corwin Press.

Martin, W. P. (n.d.). *The really big list of classroom management resources.* Retrieved March 3, 2008, from http://drwilliampmartin.tripod.com/classm.html

McCaslin, M., & Good, T. L. (1996). The informal curriculum. In D. Berliner & R. C. Calfee (Eds.), *The handbook of educational psychology* (pp. 622–670). New York: American Psychological Association/Macmillan.

McCormack, C. (2001). Investigating the impact of an internship on the classroom management beliefs of preservice teachers. *The Professional Educator, 23*(2), 1–11.

Milne, A. A. (1926). *Winnie-the-Pooh.* London: Methuen.

Morine-Dershimer, G. (2006). Classroom management and classroom discourse. In C. M. Evertson & C. S. Weinstein (Eds.), *Handbook of classroom management: Research, practice, and contemporary issues* (pp. 127–156). Hillsdale, NJ: Lawrence Erlbaum Associates.

National History Day. (2007). *It's not just a day . . . It's an experience.* Retrieved March 3, 2008, from http://www.nationalhistoryday.org/

Nieto, S. (1999). *The light in their eyes: Creating multicultural learning communities.* New York: Teachers College Press.

Office of the Superintendent of Public Instruction. (2007). *Professional certification handbook.* Retrieved March 3, 2008, from http://www.k12.wa.us/certification/ProfEd/profcertprograms.aspx

Ohanian, S. (2004). On stir-and-serve recipes for teaching. In A. S. Canestrari & B. A. Marlowe (Eds.), *Educational foundations: An anthology of critical readings* (pp. 112–119). Thousand Oaks, CA: Sage.

Orwell, G. (1946). *Politics in the English language.* Retrieved March 3, 2008, from http://www.orwell.ru/library/essays/politics/english/e_polit

Ottavi, T. (2007). *Why is Johnny so detached? A school professional's guide to understanding and helping students with attachment issues.* Chapin, SC: Youthlight, Inc.

Page, M. (1992). *National History Day: An ethnohistorical case study.* Unpublished doctoral dissertation, University of Massachusetts, Amherst.

Page, M. (1999). *Seashore Novice Teacher Professional Certification Pilot Project: Annual report.* Seattle, WA: Seattle University.

Page, M., Simpson, M., & Molloy, P. (2001). *Seashore Teacher Professional Certification Pilot: The clash of a developmental model of teacher performance assessment with a high stakes testing environment and the impact of that clash on novice teachers.* Paper presented at the Annual Meeting of the American Educational Research Association, Seattle, WA, April 10–14. (Eric Document Reproduction Service: No. ED 457 193)

Piaget, J. (1995). Essay on the theory of qualitative values in static sociology. In J. Piaget (Ed.), *Sociological studies* (pp. 97–133). New York. Routledge. (Original work published 1941)

Rosenberg, M., Wilson, R., Maheady, L., & Sindelar, P. (1992). *Educating students with behavior disorders.* Boston: Allyn & Bacon.

Ross, R. P. (1984). Classroom segments: The structuring of school time. In L. W. Anderson (Ed.), *Time and school learning: Theory, research and practice.* London: Croom Helm.

Russo, R. (n.d.). *Albert Einstein quotes.* Retrieved March 3, 2008, from http://www.worldofquotes.com/search.php (Search Einstein)

Salinger, J. D. (1951). *Catcher in the rye.* Boston: Little, Brown.

Schlosser, L. K. (1992). Teacher distance and student disengagement: School lives on the margin. *Journal of Teacher Education, 43*(2), 128–140.

Schneider, B. H. (1992). *Children's social competence in context.* Oxford, UK: Routledge.

Seidman, I. (2006). *Interviewing as qualitative research.* New York: Teachers College Press.

Shin, R., Daly, B., & Vera, E. (2007). The relationship of peer norms, ethnic identity and peer support to school engagement in urban youth. *Professional School Counseling, 10*(4), 379–388.

Supaporn, S. (2000). High school students' perspectives about misbehavior. *Physical Educator, 57*(3), 124–136.

Turiel, E. (1983). *The development of social knowledge: Morality and convention.* Cambridge, UK: Cambridge University Press.

Weinstein, C. S., & Mignano, A. J. (2003). *Elementary classroom management: Lessons from research and practice* (3rd ed.). Boston: McGraw-Hill.

Wentzel, K. R., & Watkins, D. E. (2002). Peer relationships and collaborative learning as contexts for academic enablers. *School Psychology Review, 31*(3), 366–377.

Whitney, L., Golez, F., Nagel, G., & Nieto, C. (2002). Listening to voices of practicing teachers to examine the effectiveness of a teacher education program. *Action in Teacher Education, 23*(4), 69–76.

Winzer, M., & Gregg, N. (1992). *Educational psychology in the Canadian classroom.* Scarborough, ON: Prentice Hall Canada.
Zeidner, M. (1988). The relative severity of common classroom management strategies: The student's perspective. *British Journal of Educational Psychology, 58*, 69–77.